MARCO POLO

KROATISCHE KÜSTE

ISTRIEN, KVARNER

Reisen mit **Insider Tipps**

Die Region vereint Liebliches und Herbes, sowohl landschaftlich wie auch kulturell, und sie hat ein hohes Freizeitpotenzial. Und das Meer kann ja fast karibische Gefühle wecken.

MARCO POLO Korrespondentin Daniela Schetar

(siehe S. 135)

Spezielle News, Lesermeinungen und Angebote zu Istrien/Kvarner:
www.marcopolo.de/kroatienkueste-ik

KROATISCHE KÜSTE

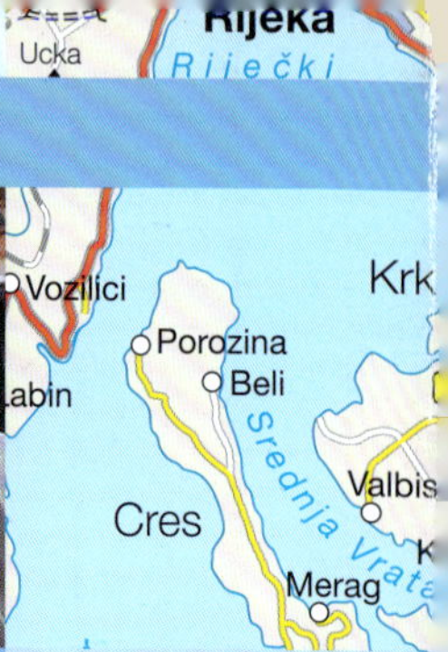

> SYMBOLE

Insider Tipp **MARCO POLO INSIDER-TIPPS**
Von unseren Autoren für Sie entdeckt

★ **MARCO POLO HIGHLIGHTS**
Alles, was Sie in Istrien und Kvarner kennen sollten

SCHÖNE AUSSICHT

WLAN-HOTSPOT

▶▶ **HIER TRIFFT SICH DIE SZENE**

> PREISKATEGORIEN

HOTELS
€€€ über 120 Euro
€€ 70–120 Euro
€ bis 70 Euro
Die Preise gelten für ein Doppelzimmer mit Frühstück im Juli und August (Vor- und Nachsaison sind erheblich günstiger)

RESTAURANTS
€€€ über 30 Euro
€€ 20–30 Euro
€ bis 20 Euro
Die Preise gelten für Vorspeise, Hauptgericht und Nachtisch – einschließlich Bier oder Wein

> KARTEN

[122 A1] Seitenzahlen und Koordinaten für den Reiseatlas Istrien · Kvarner

Karten zu Koper, Poreč, Pula und Rijeka finden Sie im hinteren Umschlag.
Zu Ihrer Orientierung sind auch die Objekte mit Koordinaten versehen, die nicht im Reiseatlas eingetragen sind

> SZENE

S. 12–15: Trends, Entdeckungen, Hotspots! Was wann wo in Istrien und Kvarner los ist, verrät der MARCO POLO Szeneautor vor Ort

> 24 STUNDEN

S. 100/101: Action pur und einmalige Erlebnisse in 24 Stunden! MARCO POLO hat für Sie einen außergewöhnlichen Tag in Rovinj zusammengestellt

> LOW BUDGET

Viel erleben für wenig Geld! Wo Sie zu kleinen Preisen etwas Besonderes genießen und tolle Schnäppchen machen können:

Über Metallleitern gratis ins Meer S. 36 | Günstige Köstlichkeiten vom Grill S. 57 | Ermäßigungen mit der Rijeka-Card S. 68 | Preiswerte Unterkunft bei den Geiern S. 92

> GUT ZU WISSEN

Was war wann? S. 10 | Spezialitäten S. 26 | Bücher & Filme S. 50 | Bauernhofurlaub S. 53 | Blogs & Podcasts S. 70 | Flipper vor Cres S. 88 | Piratenkreuzfahrten S. 90 | Was kostet wie viel? S. 112 | Währungsrechner S. 113 | Wetter in Pula S. 115 | Aussprache S. 116

AUF DEM TITEL
Hum: Die kleinste Stadt der Welt! S. 45
Auf dem Weg zum Mond S. 84

ENTDECKEN SIE ISTRIEN UND KVARNER!

Unsere Top 15 führen Sie an die traumhaftesten Orte und zu den spannendsten Sehenswürdigkeiten

Die Highlights sind in der Karte auf dem hinteren Umschlag eingetragen

1 Škocjanske jame
Grottensystem mit bizarren Stalagmiten und Stalaktiten (Seite 35)

2 Piran
Das charmante Städtchen ist ein mediterranes Kleinod (Seite 36)

3 Hum
Wehrmauern und Stadttor stammen noch aus der Blütezeit von Hum, das durch Kriege und Pest zur kleinsten Stadt der Welt geschrumpft ist (Seite 45)

4 Euphrasius-Basilika
Die Kirche in Poreč mit ihren prachtvollen byzantinischen Mosaiken gehört zum Weltkulturerbe (Seite 46)

5 Grožnjan
Kroatiens Künstler haben den vom Verfall bedrohten Ort gerettet und hier eine neue Heimat gefunden (Seite 48)

6 Amphitheater
Der monumentale antike Prachtbau in Pula überstrahlt die Stadt (Seite 50)

7 Nationalpark Brijuni-Inseln
Tiere und Pflanzen aus aller Welt im Nationalpark mit prächtigen Gärten (Seite 54)

8 Rovinj
Die Altstadt, von engen Treppengassen durchzogen, ist auf einen kegelförmigen Hügel gebaut – eine malerische Kulisse (Seite 58)

> DIE BESTEN MARCO POLO HIGHLIGHTS

9 Nehaj
War die sagenumwobene Uskoken-Festung auf dem höchsten Hügel der Stadt Senj eine Trutzburg edelmütiger Helden oder verwegener Raubritter und Piraten? (Seite 71)

10 Opatija
Einer der ältesten Fremdenverkehrsorte Kroatiens: Nostalgikerherzen schlagen höher bei dem Gedanken, im alten Kurbad auf den Spuren von Kaisern und Königen zu wandeln (Seite 72)

11 Gorski Kotar
Bewaldete Berghänge, grüne Talauen und Dörfer, in denen die Dächer der Häuser mit Holzschindeln gedeckt sind: verträumtes Hinterland der Kvarner-Bucht (Seite 75)

12 Lubenice
378 m steil über dem Meer liegt der abgelegene, von kargem Felsgeröll umgebene Ort auf Cres (Seite 80)

13 Klosterinsel Košljun
Die Klosterinsel ist ein Ort der stillen Einkehr (Seite 87)

14 Veli Lošinj
Nach Sonnenuntergang sind die Plätze vor den Tavernen und Cafés in der ersten Reihe rund um das winzige Hafenbecken des bezaubernden Fischerorts umlagert (Seite 90)

15 Rab
Die Harmonie von mediterraner Baukunst und quirligem Leben machen das autofreie Inselstädtchen so attraktiv (Seite 93)

Auf der Insel Cres

AUFTAKT

Türkisblaues Meer umschmeichelt grün bewaldete Hänge und von Wind und Meer glatt geschliffene Felsen, Küstenstädtchen scharen sich um venezianische Kirchtürme, Jugendstilhotels säumen romantische Uferpromenaden, und in den Tiefen des Karstes harren Tropfsteinhöhlen ihrer Erforschung. Die slowenisch-kroatischen Ferienregionen Istrien und Kvarner sind mit einer einzigartigen landschaftlichen und kulturellen Vielfalt gesegnet und erfüllen dank ihrer modernen touristischen Infrastruktur und der herzlichen Gastfreundschaft ihrer Bewohner alle Wünsche selbst anspruchsvoller Besucher. Lassen Sie sich verzaubern!

> Sonnenscheingarantie mit blauem Himmel, den tagelang kein Wölkchen trübt, glasklares Wasser, sauber und warm, lauschige Badebuchten, von üppigem Grün und intakter Natur gesäumt: Idealvorstellungen vom Ferienparadies, vervollkommnet von pittoresken alten Städtchen voller Kunstschätze, idyllischen Dörfern und gastfreundlichen Menschen: All das hat Istrien und Kvarner mit den vorgelagerten Inseln zum beliebten Ferien- und Erholungszentrum an der Ostküste der Adria gemacht. Ein Platz, der bis Anfang des 20. Jhs. allein der k. u. k. Hautevolee aus ganz Europa vorbehalten war.

Nach dem Auseinanderbrechen Jugoslawiens und der Unabhängigkeit der beiden Teilrepubliken Slowenien und Kroatien Anfang der 1990er-Jahre erlebte die etwas sozialistisch-verstaubt wirkende Ferienlandschaft ein gründliches Facelifting: Strandhotels und Campingplätze wurden renoviert; neue, familiär geführte Landhäuser und Villen traten in Konkurrenz zu den großen Hotelanlagen. Viele Köche besannen sich ihrer kulinarischen Traditionen und ersetzten die gesamtjugoslawischen Grillgerichte durch delikat komponierte

> Auf den Kuppen der Hügel thronen uralte Städtchen

Köstlichkeiten aus heimischen Rohstoffen, aus wildem Spargel, Trüffeln und den fangfrischen Gaben des Meeres. Der Wellnesstrend eroberte die Küsten des Kvarner mit Thalasso, Ayurveda und – dem letzten Schrei – Lomi Lomi. Für Adrenalinsüchtige wurden zahllose Möglichkeiten aufgeboten, sich an senkrechten Wänden, schwindelerregenden Hochseilgärten oder beim Mountainbiken

Der Schein von guter Wasserqualität trügt nicht: Meeresküste bei Jablanac

auszutoben. Istrien und Kvarner haben die alten Reize bewahrt, sich zugleich aber in eine moderne Ferienregion verwandelt.

Glasklar ist das Wasser an der Ostküste der Adria. 80 Strände sowie 18 Yachthäfen Kroatiens sind mit dem Ökolabel der Blauen Flagge ausgezeichnet *(www.blaue-flagge.de)*. Beschwerlich ist jedoch oft der Weg über spitzes Fels- und Kiesgestein in die erfrischende Flut. Badeschuhe und Schwimmflossen gehören daher unbedingt ins Gepäck. Wer Freude am Schnorcheln hat, kann die artenreiche Meeresflora und -fauna bereits in der Uferzone gut beobachten.

Mit rund 3160 km^2 bildet Istrien die größte Halbinsel der Adria. Geografisch beginnt Istrien – Namensgeber war der illyrische Stamm der Histrer – im Norden an dem Flüsschen Osapska reka, das beim italienischen Fischerort Muggia in die Adria mündet. Doch weder der schmale italienische Landstreifen noch der mit mehr als 40 km Küstenlänge schon etwas größere slowenische Anteil wird Istrien genannt: Die Slowenen bezeichnen die Region um die Stadt Koper als *Primorska*. Wenn die Kroaten von *Istra*, also Istrien, sprechen, meinen sie ihren Teil, den von der

> Halbinseln strecken ihre Nasen ins Wasser der Adria

Fläche her größten, mit einer Küstenlinie von etwa 100 km, gemessen in der Luftlinie von Umag im Nordwesten bis Rabac im Südosten, samt Inselchen und Buchten an die 480 km Uferzone. Den nordöstlichen Bereich mit der Gemeinde Opatija rechnet man schon zur Kvarner-Bucht.

Landschaftlich teilt sich Istrien in drei Gebiete auf. Im Bereich des Berggürtels im Norden und Osten erhebt sich das Weiße Istrien mit hellem, felsigem Kalkgestein. Obwohl hier die meisten Niederschläge fallen, herrscht ständig Mangel an Wasser, denn das versickert augenblicklich im porösen Karst. Die Flusstäler werden landwirtschaftlich genutzt. Durch das dünn besiedelte Gebiet der Hochflächen, bewachsen mit Steppengräsern, Disteln und Föhren, ziehen die Schäfer mit ihren genügsamen Tieren.

Die Mitte Istriens birgt ein fruchtbares, wasserreiches Hügelland, das Graue Istrien. Den Namen hat es von seinen

WAS WAR WANN?

Geschichtstabelle

Um 1200 v. Chr. bis zur Zeitenwende Einwanderung illyrischer, später dann keltischer Volksgruppen wie der Histrer; ab 229 v. Chr. wächst der römische Einfluss

1.–12. Jh. n. Chr. Blütezeit der istrischen Städte im Römischen Reich, ab 500 wandern Slawen und Awaren ein

13.–17. Jh. Venedig erobert die gesamte Küstenregion Istriens bis zum 14. Jh.; das Binnenland ist ab dem 14. Jh. in Habsburger Besitz; im 16. Jh. Türkeneinfälle

1797 Ende der venezianischen Herrschaft; Istrien fällt an Österreich

Ab 1918 Istrien, Cres und Lošinj fallen an Italien; Serben, Kroaten und Slowenen gründen das Königreich Jugoslawien

Zweiter Weltkrieg Mussolini und Hitler unterstützen den nationalfaschistisch regierten Staat Kroatien; nach Italiens Kapitulation 1943 wird Istrien von deutschen Truppen besetzt

1945 Gründung der „Föderativen Volksrepublik Jugoslawien" unter Führung Titos und der Kommunistischen Partei

Ab 1980 Nach Titos Tod verschärfen sich Wirtschaftskrise und nationalistische Strömungen in den Teilrepubliken

Ab 1991 Kroaten und Slowenen verkünden ihre staatliche Souveränität; Jugoslawiens Zerfall ist nicht mehr aufzuhalten

1995 Kroatien erobert seine an Restjugoslawien verlorenen Gebiete zurück

2007 Kroatien kooperiert mit dem UN-Kriegsverbrechertribunal

2009 Kroatien hofft, dass die Verhandlungen über den EU-Beitritt 2010 abgeschlossen werden können

wasserundurchlässigen Böden aus tonigem Sedimentgestein. Zwischen Äckern und Rebhängen dehnen sich dichte Wälder aus, auf den Kuppen der Hügel thronen uralte Städtchen, von dicken Mauern umgeben. Aus der Ferne sehen sie wie unbezwingbare Festungen aus, als sei die Zeit hier seit dem Mittelalter spurlos vorübergegangen.

Nach Westen zu ist der Kalkboden von roter Erde überzogen; ein Hochland, das sanft zur Küste abfällt: das Rote Istrien. An der buchtenreichen Küste gedeihen im milden Meeresklima Pinien und Zypressen, Edelkastanien, Ölbäume und vor allem Weinreben. Halbinseln strecken ihre Nasen in das Wasser der Adria. Wo sie Siedlungen tragen, drängen sich die Häuserzeilen eng aneinander, getrennt durch winklige Gassen. Ein großer Platz mit Pfarrkirche und Regierungspalast bildet noch immer den zentralen Punkt in fast jedem Ort. Das Rote Istrien ist die am dichtesten besiedelte und die wirtschaftlich am weitesten entwickelte Region, vor allem dank des Tourismus.

Die Istrische Halbinsel ist eine Schnittstelle zwischen Süd-, Südost- und Mitteleuropa – ein ethnischer Schmelztiegel mit einem bunten Sammelsurium historischer Denkmäler: Das römische Amphitheater in Pula, die byzantinische Euphrasius-Basilika in Poreč, der von Österreichern gebaute Leuchtturm in Savudrija oder der venezianische Prätorenpalast in Koper sind nur ein paar Beispiele. Slawen und Römer, Venezianer und Habsburger haben auch die Sprache und Kultur dieser Region geprägt. Italienisch beherrschen

> *Ein Sammelsurium kulturhistorischer Denkmäler*

viele Istrier wie ihre Muttersprache, und auch in der Küche ist das romanische Erbe ebenso deutlich zu spüren wie das der k. u. k. Monarchie.

Als touristisches Synonym für den Bezirk Primorsko-Goranska umfasst Kvarner zudem das dünn besiedelte Gorski Kotar im Hinterland. In dieser waldreichen Mittelgebirgslandschaft leben noch Braunbären, Luchse und Dachse in freier Natur.

Kvarner ist Kroatiens Aushängeschild für einen modernen Tourismus im Einklang mit der Natur. Europas

In Pirans Altstadt finden Sie diesen schönen venezianischen Palazzo

Gen Nordwesten an Istrien gelehnt, nach Süden Dalmatien zugewandt, ist Kvarner die mittlere der drei großen touristischen Regionen entlang der kroatischen Küste. Kvarner bezeichnet ursprünglich nur den Meeresteil der Adria zwischen Istrien und Cres. Im weiteren Sinne steht sein Name für die gesamte Bucht mit ihren Inseln Cres, Lovinj, Krk und Rab sowie für das angrenzende Festland.

High Society kurte schon gegen Ende des 19. Jhs. vorwiegend im Winter und Frühling in den heilklimatischen Orten an der Riviera von Opatija und Crikvenica. Diesem frühen Wellnesstrend folgend, gewinnt der Gesundheitstourismus immer mehr an Bedeutung. Gute Straßen erleichtern die Anreise, sodass es heute unkomplizierter denn je ist, Istrien und Kvarner zu entdecken.

TREND GUIDE ISTRIEN

Die heißesten Entdeckungen und Hotspots! Unser Szene-Scout zeigt Ihnen, was angesagt ist

Daniel Cenko
ist im Sommer Tauchlehrer in Baška auf der Insel Krk und im Winter entweder auf den Philippinen oder in Thailand unterwegs. Zu finden ist er im Sportcenter Rare Bird, wo er der deutsche Ansprechpartner für Tauchausflüge und Tauchkurse ist. Warum Kroatien? Das klare Meer, die schönste Unterwasserwelt des Mittelmeers und natürlich die Clubtouren in Istrien sind die Gründe! *www.philidiver.com*

SCHÖN SCHICK

Boom der Designspas

Innenarchitekten nehmen sich der Wellnesscenter der Region an und verpassen ihnen einen coolen Look. Im *Istrian Relax Village* sind die drei Spa-Etagen mit Grotten und Steinbrunnen eine Hommage an die Felsenküste Istriens *(Spa im Hotel Sol Umag, Jadranska b.b., Umag, www.istraturist.com)*. Asien grüßt im modernen *Coral Fusion Spa*, das streng nach Feng-Shui-Regeln designt wurde. Neben Buddhastatuen und einem thailändischen Garten bestimmen vor allem klare Linien das Bild *(Coral Fusion Spa im Sol Koralj, Katoro b.b., Umag,* Foto*)*. Auf mediterranes Flair mit Sandstein, Holzelementen und Mosaiken treffen Entspannungsbedürftige im Wellnesszentrum des *Valamar Diamant Hotels* in Poreč *(www.valamar.com/diamant-hotel-porec)*.

SZENE

BEACHCLUBBING

Nachtleben am Strand

Nachtschwärmer sind begeistert von den Verwandlungskünsten der Strandbars. Tagsüber schlichte Cafés, mutieren sie nachts zu angesagten Szeneclubs. Allen voran die *Hemingway Bar* in Opatija. DJs bringen hier die Partypeople in Stimmung *(Zert 2, www.hemingway.hr)*. Im Open-Air-Club *Bura Beach* feiern Besucher zu aktuellen Charts. Die Tanzfläche ist je nach Lust und Laune direkt am Sandstrand oder auf der Holzterrasse. Für chillige Momente stehen kuschelige Liegebereiche und Hängematten bereit *(Liznjan Marina, www.burabeach.com,* Foto*)*. Der beschauliche Strand von Zrce auf der Insel Pag erinnert abends an die Partyszene auf Ibiza. Hotspot des Strandes ist der *Kalypso Beach Club* mit seinen Livemusikevents und Partys bis in die frühen Morgenstunden *(Cissa d.o.o., Škopljanska 20, Novalja)*.

FUSION-FOOD

Gerichte mit dem gewissen Etwas

Die Kombination aus Gourmetküche und lokalen Spezialitäten kommt an. Das Restaurant *Le Mandrać* besticht nicht nur durch zeitlose Eleganz, sondern überzeugt auch mit einer extravaganten Speisenwahl, die sich stets ihrer Traditionen besinnt. Die Karte lockt je nach Saison mit Gerichten wie Rochen mit grünem Wildspargel und Limettenkonfitüre *(Obala F. Supila 10, Volosko, www.lemandrac.com,* Foto*)*. Wer wissen möchte, was sich hinter Adria-Sashimi verbirgt, ist im Restaurant *Damir e Ornela* richtig. Hier wird heimischer Fisch nach japanischer Art zubereitet *(Via della Mura 5, Novigrad)*. Schickes Interieur und kreative Saisonküche gibt's auch im *Sveti Nikola* im Hafen von Poreč *(Obala Maršala Tita 23)*.

INTERESSANTE NACHT

Ungewöhnliche Unterkünfte

Wie wäre es mit einer Nacht im Leuchtturm, und das auf einer einsamen Insel *(z. B. Porer bei Premantura, www.lighthouses-croatia.com)*? Oder doch lieber bodenständig im Indianertipi schlafen? Auf der *Barba Tone Ranch* gehen Pferdeliebhaber in einem typisch istrischen Steinhaus oder in den Tipis des Indianerdorfes zu Bett *(Manjadvorci 60, Mandjavorci, www.barbatone.com)*. Schlafen im Naturschutzgebiet ist erlaubt: Die Lodges im Ecoparadies um das Učkagebirge vertrauen auf Solarenergie und Ökotourismus *(Bei Opatija, www.uckalodge.com)*.

KREATIVQUARTIER

Künstlerdorf Svetvinčenat

Kunst liegt in der Luft, denn trotz der Abgeschiedenheit des Ortes herrscht in den wenigen Kneipen und Cafés am Dorfplatz ein alternatives Flair. Kunstguru der Region ist Ivan Obrovac, der neben seinem Atelier in Smoljanci bei Svetvinčenat eine Galerie in Pula betreibt *(Sergijevaca 32, www.hdluistre.hr)*. Auch Malerin Elena Vižentin findet in der Ruhe des Dorfes ihre Inspiration *(Svetvinčenat 40, Anmeldung zur Galeriebesichtigung unter Tel. 098/36 83 58, www.elenavizentin.com)*. Ein Abstecher nach Svetvinčenat lohnt in jedem Fall, denn das Künstlerkollektiv *Sikuti Machine*, zu dem auch Sängerin Tamara Obrovac *(www.tamaraobrovac.com*, Foto*)* gehört, hat seit 2009 ein eigenes Kulturzentrum *(www.svetvincenat.hr)*.

SALSA, LAND, FLUSS

Outdoor-Tanzevents

Das Latinofieber hat Istrien erfasst, und Salsa ist der Tanz der Stunde. Getanzt wird nicht nur in den einschlägigen Schulen wie dem Salsainstitut *Salsero (Yamaha Music Centar, Vukovarska 7b, Rijeka, www.salsero.hr)*, sondern am Strand und auf speziellen Tanzbooten. Zum *Croatia Summer Salsa Festival* treffen sich Salsafans im Küstendorf Rovinj, um bei Workshops und Liveperformances Rhythmusgefühl zu entwickeln *(www.crosalsafestival.com)*. Speziell: die Verbindung von Salsa und Tauchen auf dem Schiff der *Belugadivers*. Tagsüber wird die Unterwasserwelt erkundet, abends öffnet das Tanzdeck *(Head Office: Badalićeva14, Zagreb, www.belugadivers.com*, Foto*)*.

FREECLIMBING

Adrenalinkick für Kletterer

Das freie Klettern gilt als die Königsdisziplin unter Gipfelstürmern und das Goldene Kap (Zlatni rt) am Berg Kvarner als Topziel. Doch die Wahl fällt auch Kletterprofis nicht leicht: Bei Raspadalica, am Limski kanal (Limfjord) in der Bucht Vranjska Draga, und bei den Ruinen von Dvigrad liegen ausgezeichnete Szenetreffs. Infos zu den besten Routen gibt's auf *www.aozeljeznicar.hr/old/AO/climbing.htm*. Spitzensportler schätzen an der kroatischen Küste neben der idyllischen Umgebung besonders die angenehme Südlage der Kletterhänge. Die insgesamt neun Steigplätze mit einer Höhe von 20 bis 30 m Höhe sind für Spitzensportler und Anfänger geeignet. Im idyllischen Dörfchen Osp organisiert *Camping Vouk* geführte Touren entlang der rund 300 verschiedenen Routen *(20, Črni Kal)*. *Ad Natura Outdoor Adventures* liegen mit ihrem Kletterangebot ebenfalls voll im Trend *(www.adnatura.hr)*.

HEY MRS. DJANE

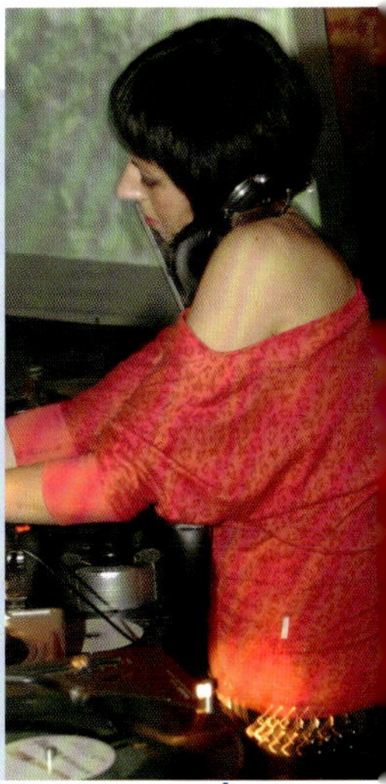

Frauenpower an den Decks

Die männliche Vorherrschaft an den Plattentellern der Clubs scheint sich dem Ende zuzuneigen. Der Gegenwind kommt von den Ladys der DJ-Zunft, die jetzt neue Töne anschlagen. Miss Squo gehört zum DJ Team *„Team 2M jr."* und ist bekannt für ihren exquisiten Elektro-Geschmack *(www.dj2mjr.com)*. Vorreiterin und DJ-Ikone Virgin Helena war nicht nur die erste DJane, sondern auch eine der wenigen, die im legendären Szeneclub *Quorum Colours* in Opatija regelmäßig auflegte. Sie mischt Deep House, Techno und Break Beats mit einer aufsehenerregenden Liveperformance *(www.virginhelena.com, Foto)*. Regelmäßige DJane-Abende steigen im *Stereo Dvorana Bulevar (Oslobodjenja b.b., Rijeka, Primorje, www.myspace.com/stereodvorana)* und der Diskothek *Byblos (Zelena laguna b.b., Poreč, www.byblos.hr)*.

> GEFLÜGELTE LÖWEN UND EIN NACKTER KÖNIG

Notizen zu Kirche und Klima, Bora und Tito: ein kleines Istrienbrevier

FKK

Istrien und Kvarner waren im Mittelmeerraum die ersten Regionen, in denen FKK erlaubt war und sind noch heute die Hochburgen des Nacktbadens. Eine Reihe von Campingplätzen und Ferienanlagen mit eigenen Uferzonen sind ausschließlich für FKK-Gäste reserviert. An anderen, meist etwas abgelegeneren Stränden findet man Nackte und Bekleidete in friedlicher Koexistenz. Die Insel Rab rühmt sich übrigens als FKK-Pionier, nachdem hier 1936 der englische König Edward VIII. und seine spätere Frau Wallis Simpson splitternackt in die Fluten gestiegen sind.

GLAGOLICA

Die Missionare Kyrill und Method bekehrten die slawischen Völker nicht nur zum christlichen Glauben.

STICH WORTE

Sie brachten ihnen im 9. Jh. auch die glagolitische Schrift. In ihrer eckigen Urform hat sie sich am längsten bei den Kroaten erhalten, in Kirchenbüchern, auf Urkunden, Inschriften und ersten literarischen Werken in altslawischer Sprache. In abgerundeter Form entwickelte sich daraus die noch heute von Serben, Bulgaren, Makedoniern und Russen verwendete kyrillische Schrift. Zu den ältesten Schriftstücken in altkroatischer Sprache (11. Jh.) zählt die *Baščanska ploča* (Tafel von Baška) auf Krk (Original in Zagreb). Ihre Inschrift ist den Kroaten Indiz für das Bestehen eines eigenen Staates im Mittelalter.

ITALIENER

In sehr vielen Orten Istriens und in Kvarner, vor allem an der Küste, ist ein Teil der Bevölkerung von der Abstammung her italienisch. Als italienische Gemeinschaft genießen die Italienischstämmigen in Kroatien und Slowenien das Recht auf eine eigene Kultur, abzulesen unter anderem an italienischsprachigen Schulen und Medien. Auch Wegweiser und Straßenschilder sind zweisprachig. Im Grunde lebt man heute friedlich zusammen, aber das war – auch in jüngerer Zeit – längst nicht immer so. Nachdem Istrien und Teile der Kvarner-Region nach 1918 an Italien gefallen waren, und sich die Repressalien gegenüber der slawischen Bevölkerung unter den italienischen Faschisten noch erheblich verstärkten, verließen Kroaten und Slowenen massenhaft ihre Heimat. Eine Gegenbewegung setzte in den ersten Jahren nach 1945 ein. Zu Zehntausenden strömten Italiener aus Jugoslawien ins Mutterland. In vielen Dörfern im Binnenland stehen ihre inzwischen verfallenen Häuser bis heute leer.

JUGOSLAWIEN & TITO

Es war ein Staat mit ungleichen Vorzeichen: mit zwei Alphabeten (lateinisch und kyrillisch), drei offiziellen Sprachen (Serbokroatisch, Slowenisch, Makedonisch), vier Religionen (serbisch-orthodox, katholisch, islamisch und jüdisch) und fünf Völkern (Serben, Kroaten, Slowenen, Makedoniern, Montenegrinern). Josip Broz Tito gelang es, große Teile dieses Völkermosaiks während des Zweiten Weltkriegs mit der Parole „Brüderlichkeit und Einigkeit“ auf seine Seite zu ziehen. Nach Gründung der Sozialistischen Föderativen Volksrepublik Jugoslawien verzeichnete die Wirtschaft in den Fünfzigerjahren hohe Wachstumsraten im Bildungs- und Gesundheitswesen, in Wissenschaft und Kultur. Für Jugoslawien

Der 403 m hohe Kamenjak schützt Rab vor den kalten Nordwinden und sorgt für ein mildes Klima

war Josip Broz Tito (1892–1980) ein legendärer Volksheld, Staatsmann und Diplomat. Gern ließ sich der etwas rundliche Bauernsohn in prunkvoller Uniform auf einem weißen Ross fotografieren, lud Hollywood-Stars auf die Brijuni-Inseln und liebte das luxuriöse Leben. Nach seinem Tod hinterließ er mehrere Milliarden Dollar Staatsschulden, aber niemanden, der einen Ausweg aus der Misere fand.

KIRCHE

Sowohl in Slowenien als auch in Kroatien bekennen sich heute über 80 Prozent der Bevölkerung zum katholischen Glauben. Als Seelentröster, aber auch als Organisator humanitärer Hilfeleistung hat sich die Kirche wieder ihren festen Platz in der Gesellschaft bis hinauf in die hohe Politik zurückerobert. In frisch restaurierten Gotteshäusern empfängt der Priester die Schar der alten und neuen Gläubigen. Staatliche Festakte wie die Einweihung neuer öffentlicher Gebäude oder Straßen werden in Kroatien wie selbstverständlich vom Segen der Kirche begleitet.

KLIMA & WINDE

Das milde Klima ist vom günstigen Einfluss des Mittelmeeres geprägt. Die Sommer sind tagsüber meist sonnig und warm, die Nächte bringen erfrischende Abkühlung. Auf Lošinj misst man im Monat August eine Lufttemperatur von durchschnittlich 23,5 Grad, in Pula 22,8 Grad. Hin und wieder ballen sich kurzzeitig schwarze Wolken am blauen Himmel, aus denen am Nachmittag oder am frühen Abend heftige Gewitterschauer niederprasseln. Das Regenwasser erhält die Pflanzenwelt bis in den Herbst hinein grün. Milde Winter lassen einen Ganzjahrestourismus zu. Im Frühsommer erwärmt sich die Adria mit ihrer geringen maximalen Wassertiefe von nur 40 m vor der Westküste Istriens schnell auf über 20 Grad. Die mittlere Wassertemperatur liegt im August bei 23 bis 26 Grad, im Winter sinkt sie kaum einmal unter 10 Grad.

Das Wetter an der Adria wird vom Wind bestimmt, vom *Jugo* oder vom *Schirokko,* der feuchte Luftmassen aus dem Süden bringt. Der *Maestral,* der von mittags bis in den frühen Abend vom Meer einströmt, ist im Sommer eine willkommene Erfrischung. Die *Bora,* der gefürchtete eisige Nordostwind, fegt den Himmel frei für sonniges Wetter. Bora-Böen, im Sommer seltener als im Winter, können nicht nur kleineren Booten auf offener See, sondern auch Fahrzeuggespannen und Motorrädern auf der Adriamagistrale gefährlich werden.

KROATIEN

Mit dem schönsten Küstenstreifen entlang der Adria, dem 1185 Inseln und Riffe vorgelagert sind, mit Bodenschätzen wie Gas und Öl, fruchtbaren Böden, Naturschönheiten und vielen kulturhistorischen Attraktionen erstreckt sich Kroatien vom Mittelmeer bis zur Donau auf einer Fläche von 56 538 km². *Hrvatska* heißt das Land auf Kroatisch, seine Bewohner (4,4 Mio.) sind mehrheitlich Kroaten. Hauptstadt ist Zagreb (deutsch

Agram, knapp 1 Mio. Ew.). Im Norden ist Slowenien der Nachbar, im Osten sind es Ungarn, Bosnien-Herzegowina und die ehemalige jugoslawische Teilrepublik Serbien sowie im Süden die andere ehemals jugoslawische Teilrepublik Montenegro.

Kroatien ist eine parlamentarische Demokratie, Staatsoberhaupt ist seit 2000 Präsident Stjepan Mesić. Die konservative *HDZ* (Kroatische Demokratische Gemeinschaft) mit Regierungschef Ivo Sanader bildet seit 2008 eine Koalition mit mehreren kleineren Parteien. Der Zentralstaat teilt sich auf in 20 Provinzen *(Županije).* Als wichtigstes außenpolitisches Ziel strebt Kroatien die Vollmitgliedschaft in der EU an, die 2010 erfolgen soll. Soziokulturell und geografisch haben die Kroaten sich mehrheitlich selbst nie dem Balkan, sondern Mitteleuropa und den Mittelmeerländern zugehörig gefühlt.

MARKUSLÖWE

Überall in ihrem Einflussbereich hat die Großmacht Venedig ihr Symbol, den geflügelten Markuslöwen, an Kirchen, Palästen, Türmen und Stadttoren entlang der ostadriatischen Küste hinterlassen. Hält der Löwe eine aufgeschlagene Bibel in seinen Pranken, dann wurde das Bauwerk zu Friedenszeiten von den Venezianern errichtet. Führte Venedig aber Krieg während der Bauzeit, dann blieb das Buch in den Pranken des Löwen geschlossen. Weitaus friedlicher wirkt die ebenfalls an vielen öffentlichen Bauten prangende Ziege, das Symbol Istriens.

MUSIK

Viele, auch junge Menschen, gehören hier Chören an. Die Texte der zumeist sehr melancholischen Lieder kreisen um unglückliche Liebe oder den fernen Geliebten. Sie werden gelegentlich von ein, zwei Instrumenten wie der Ziehharmonika oder einer Gitarre begleitet. Meist aber singen die Gruppen a cappella.

NATURSCHUTZ

Eine Trumpfkarte der Kroaten ist die Vielfalt der Natur. Zehn Prozent der Landesfläche stehen unter Naturschutz, so die Brijuni-Inseln *(www.brijuni.hr)* mit ihrer üppigen mediterranen Vegetation, die imposanten Gebirge Risnjak *(www.risnjak.hr)* und Nord-Velebit *(www.velebit.hr)*, Schatzkammern kroatischer Gebirgsflora, und im Binnenland die von 92 Wasserfällen gespeisten Plitwitzer Seen *(www.np-plitvicka-jezera.hr)*.

SLOWENIEN

Mit seinen gut 20 000 km² und rund 2 Mio. Einwohnern ist Slowenien gerade so groß wie Rheinland-Pfalz. Rund 84 Prozent der Bevölkerung sind Slowenen, der Rest Einwanderer aus den ehemaligen jugoslawischen Teilrepubliken sowie Angehörige der italienischen und ungarischen Minderheit. Hauptstadt ist Ljubljana (deutsch Laibach, 320 000 Ew.). Auch Slowenien ist heute eine parlamentarische Demokratie. Staatsoberhaupt ist Dr. Danilo Türk, Regierungschef der Mitte-links-Koalition der Sozialdemokrat Borut Pahor. Nach seiner Unabhängigkeitserklärung 1991 gelang es dem Land relativ schnell, an alte Märkte in Westeuropa anzuknüpfen und neue zu finden. In Slowenien hat der Tourismus nur einen geringen Anteil am Bruttoinlandsprodukt. Der Hauptteil entfällt auf Industrieprodukte wie Autos und Autoelektronik, Textilien und Haushaltsgeräte. Seit 2004 ist Slowenien Mitglied der EU, 2007 führte es den Euro ein.

Nicht nur zu Feiertagen: traditionelle Tracht

WIRTSCHAFT

Die kroatische Wirtschaft hatte Mühe mit den Folgen der Unabhängigkeit von Restjugoslawien; der Niedergang vor allem in Industrie und Bergbau sowie eine hohe Arbeitslosigkeit von rund zehn Prozent waren die Folge. Inzwischen hat sich die wirtschaftliche Situation stabilisiert. Dazu trug der wachsende Tourismus erheblich bei: Ein Fünftel des Bruttosozialprodukts erbringt der Fremdenverkehr. Marktwirtschaft und Privatisierung ehemaliger Staatsbetriebe haben spürbar neue Impulse gesetzt.

PRALL, BUNT UND FEUCHTFRÖHLICH

Die Tradition der Volksmusik, der Tänze und Trachten ist höchst lebendig

OFFIZIELLE FEIERTAGE

1. Jan. *Neujahr;* **2. Jan.** *Neujahr* (Slow.); **6. Jan.** *Hl. Drei Könige* (Kroat.); **8. Feb.** *Prešeren-Tag* (Kulturfeiertag, Slow.); **Ostersonntag/-montag; 27. April** *Tag des Widerstands* (Slow.); **1. Mai** *Tag der Arbeit;* **2. Mai** *Tag der Arbeit* (Slow.); **22. Juni** *Tag des antifaschistischen Widerstandskampfes* (Kroat.); **25. Juni** *Nationalfeiertag;* **5. Aug.** *Tag der Heimat* (Kroat.); **15. Aug.** *Mariä Himmelfahrt;* **8. Okt.** *Tag der Unabhängigkeit* (Kroat.); **31. Okt.** *Reformationstag* (Slow.); **1. Nov.** *Allerheiligen;* **25. Dez.** *Weihnachten;* **26. Dez.** *Weihnachten* (Kroat.); **26. Dez.** *Tag der Unabhängigkeit* (Slow.)

FESTE UND FESTIVALS

Februar

Karneval: Hochburgen sind Rijeka und Opatija mit traditionellen Masken aus Hammelhörnern und Schaffell

Mai

Treffen der Triestine-Spieler in Roč: Volksmusik auf der diatonischen Harmonika

Mai–September

Musikabende: klassische Konzerte im Dom von Osor auf Cres

Juni

Stadtfest in Hum mit der traditionellen Wahl des Stadtoberhauptes

Musiksommer in Grožnjan: Kurse und Konzerte von klassischer Musik bis Jazz bis Ende August

Juli

Art Republika Labin: jeden Do und Fr Programm aus Schauspiel, Musik und Kunst in der Altstadt von Labin

Labiner Konti: Volksmusik und Tänze aus Labin und Umgebung – am charakteristischsten und stellvertretend für ganz Istrien ist der *balun*

Filmfestival: Kroatiens Filmemacher zeigen ihre Werke in der Arena von Pula

Sommerkarneval in Novi Vinodolski

Juli/August ★

Internationale Sommerfestspiele: Konzerte, Opern, Dramen im Kastell und in

Aktuelle Events weltweit auf www.marcopolo.de/events

> EVENTS FESTE & MEHR

den Kirchen der Stadt Krk sowie in Punat und – sicherlich die spektakulärste Kulisse – auf der Klosterinsel Košljun
Piraner Musikabende: Kammerkonzerte im Kreuzgang des Klosters Piran
Opernfestival: Nationale und internationale Interpreten präsentieren sich in der antiken Kulisse des Amphitheaters in Pula

August

Insider Tipp *Street Art Festival:* Treffen der Straßenkünstler, Musiker, Tänzer, Jongleure in der Altstadt von Poreč
Ringreitwettbewerb in Barban: altes Ritterspiel, bei dem Reiter vom galoppierenden Pferd aus einen kleinen Ring mit der Lanze aufzuspießen versuchen
Patronatsfest in Gračišće mit traditionellem Eselrennen
Fischerfest *ribarski dani* in Baška auf Krk: Morgens ziehen Mädchen in Tracht die Netze vom Meer auf das Land

September

Mala Gospa in Njivice auf Krk: Volkstänze in Tracht zu Musik auf alten Instrumenten, es kommen Verwandte und Freunde aus der ganzen Umgebung
Traubenfest in Buje und Umag – mit traditionellem Umzug der Winzer aus Buje und Umgebung

Oktober

Marunada in Lovran: Alles dreht sich um die frischen, reifen Esskastanien
Bijela nedelja in Kastav: Tanz und Gesang zum frischen Wein

November

Trüffelwochenende: Im Mittelpunkt stehen die Produkte aus den kostbaren weißen Trüffeln in Buzet

November–Mai

Insider Tipp *Osmice* in den Dörfern der slowenischen Primorska: Jeweils acht Tage lang öffnen die Winzer im Wechsel ihre Keller und servieren den Gästen preiswert zu Karstschinken, selbst gebackenem Brot und anderen deftigen Spezialitäten ihren im Herbst gelesenen jungen Wein, weißen Malvazija und roten Refošk

> NICHT EINE, SONDERN VIELE KÜCHEN

Auch auf den Speisekarten spiegelt sich die landschaftliche und kulturgeschichtliche Vielfalt von Istrien und Kvarner wider

> Risotto, *pršut* und *maneštra* sollten Sie unbedingt probieren, denn die Mannigfaltigkeit der Landschaft und der Kulturgeschichte auf dem begrenzten Raum dieser Halbinsel spiegeln sich deutlich in der oder, genau genommen, in den Küchen wider: der Küstenküche und der Küche des Binnenlands.

Was der Fischer in seinem Netz nach Hause trägt, wird von der Hausfrau für das tägliche Familienmahl zubereitet, immer mit Olivenöl, oft mit einer würzigen Kräutermixtur aus Lorbeer, Knoblauch und Petersilie, manchmal auch mit selbst gekeltertem Wein, am besten aber mit allem zusammen. Die kleinen Sardellen, in einer Sauce aus Wein und Zwiebeln mariniert, sind eine Köstlichkeit. Als besonders edel gelten die weißen Fische: Zahnbrasse *(zubatac)*, Goldbrasse *(orada)*, Seezunge *(list)* und Seebarsch *(brancin)*. Muscheln und Scampi auf einem Risotto sind heute

Bild: Café Valentino in Rovinj

ESSEN & TRINKEN

selbst für viele Fischerfamilien ein Festschmaus, denn oft wird der Fang lieber an das nächste Restaurant für gutes Geld verkauft.

An der Küste findet man auf den Speisekarten vor allem Meeresspezialitäten. Diese sind allerdings erheblich teurer als Fleischgerichte, obgleich die Adria hier noch sauber und sehr fischreich ist. Schuld sind die Italiener, sagen die Einheimischen: Die wüssten gute Qualität zu schätzen und würden sie auch dementsprechend honorieren. Wichtig zu wissen: Fisch wird nach Gewicht berechnet! Lassen Sie den gewünschten Fisch abwiegen, bevor Sie ihn bestellen. Nur so können Sie unliebsame Überraschungen auf der Rechnung vermeiden.

Unter den Fleischspezialitäten ist besonders das auf der Insel Cres beliebte Lamm aus der *peka* empfehlenswert. Die *peka* ist eine Bratpfanne mit Deckel, in der das aromatisch nach den Inselkräutern schmeckende Fleisch mit Kartoffeln und Zwiebeln schonend gegart wird. Auch *Ombolo* findet sich auf vielen geistrischen Speisekarten: Das in Wein und Kräuter eingelegte Schweinekotelett wird gegrillt und mit Sauerkraut serviert.

Mit Risotti, Pizzen und Pasta steht die mediterrane Küche auch deutlich unter dem Einfluss Italiens. Die istrische Landküche abseits der Küste kennt deftigere Gerichte: Gemüseeintopf, Würste und Gulasch in allen Variationen vom Rind, Wild oder Geflügel. Hier hat die alte Herrschaft Österreichs deutliche Spuren hinterlassen.

Wilder Spargel ist eine Delikatesse des Frühsommers. Die Einheimischen pflücken die zarten, grünen

> SPEZIALITÄTEN

Genießen Sie die typische Küche Istriens und Kvarners!

brudet od riba – Fischeintopf, verschiedene Fische werden in einem Sud aus Olivenöl, Wein, Zwiebeln, Knoblauch und Petersilie gegart
crni rižoto – mit Tintenfischtinte schwarz gefärbter Risotto
fritule – in Fett ausgebackene Hefeteigkrapfen, mit Puderzucker bestreut
fuži – hütchenförmige Nudeln, Beilage zu Fleischgerichten

istarska supa – istrische Suppe: Leicht erwärmtem Rotwein, meist Teran, werden Olivenöl, Zucker, Pfeffer und getoastetes Brot beigegeben
kruštule – hauchdünne, in Fett ausgebackene Teigstreifen
maneštra – deftiger Gemüseeintopf mit Fleischeinlage
mušule (skampi) buzara – in Weißwein gekochte Muscheln oder Scampi
njoki – kleine Kartoffelklößchen, Beilage zu gekochtem Fleisch
ombolo – gepökeltes Schweinekotelett, Beilage: Sauerkraut
palačinke – Pfannkuchen mit einer Sauce aus Marmelade oder Schokolade
paški sir – Schafskäse von der Insel Pag
pljeskavica – Hacksteak vom Grill
pršut – luftgetrockneter Rohschinken, eine delikate Vorspeise und ein idealer Proviant für unterwegs (Foto)
riblja juha – Fischsuppe
rižoto – in Brühe gequollener Reis mit unterschiedlichen Beigaben, etwa Muscheln oder Scampi
smokvenjak – Früchtebrot mit Feigen und Walnüssen
šurlice – Schupfnudeln, die zu Gulasch gegessen werden
tartufi – weiße Trüffeln, meist über Nudeln oder Risotto gehobelt

Grillfleisch und Gemüseeintöpfe: Bodenständig ist die Küche im Binnenland

Stangen in der freien Natur. Im Herbst sind die weißen istrischen Trüffeln für Gourmets eine unübertroffene Kostbarkeit.

Das insgesamt beträchtlich gestiegene Preisniveau schließt natürlich auch die Gastronomie ein. Die Zeiten, in denen Kroatien und Slowenien als Billigreiseländer gehandelt wurden, sind längst vorbei. Für ein Menü aus Vorspeise, Hauptgericht, Nachspeise und einem Getränk zahlt man an der Küste heute pro Person leicht mehr als 50 Euro.

Die Speiselokale sind mit wenigen Ausnahmen täglich geöffnet. Sie tragen verschiedene Namen: *Restorani* (Restaurants) versuchen mit ihrem Angebot aus Fischplatten, Grilltellern und Schnitzeln ein möglichst breites Spektrum des Geschmacks internationaler Touristen zu treffen, sodass sich die Speisekarten oftmals gleichen. Auch in vielen Hotels, in denen Sie häufig an einem üppigen Buffet auswählen können, erhalten Sie die beliebten Standardgerichte, zunehmend aber auch lokale Spezialitäten.

Origineller sind die rustikal eingerichteten Gasthäuser: *gostionas* (slowenisch *gostilne*), *gostionicas* oder *konobas*. Dort, wo der Wirt und seine Frau noch selbst zum Kochlöffel greifen, wird zu hausgemachtem Wein und selbst gebackenem Brot Hausmannskost serviert. Eine preiswerte Alternative zum Mittagessen im Restaurant bieten auch die Imbissbuden, an denen Sie z. B. *burek* (mit Fleisch, Schafskäse und Kräutern gefüllte Teigtaschen) oder eine *Pljeskavica*-Semmel, eine Art kroatischen Hamburger, bekommen.

Ganz Istrien ist ein Weinland. Der rote Teran und der weiße Malvazija sind typisch für Istrien. Aber es werden auch Merlot und Cabernet, Pinot, Muškat, Chardonnay und Sauvignon angebaut. Berühmtester Wein der Kvarner-Region ist *zlatna žlahtina* aus Vrbnik auf der Insel Krk, ein leichter, trockener Weißer, der hervorragend mit Fischgerichten harmoniert. Heimischer Pflaumenschnaps *(šljivovica)* oder Traubenschnaps *(lozovača)* und ein Espresso beenden das Mahl.

Die besten 50 Restaurants und Gasthäuser, geprüft und bewertet, beschreibt die Broschüre „Istra Gastro", zu beziehen über den *Tourismusverband Istrien (Pionirska 1 | HR-52440 Poreč | Tel. 0038552/ 45 27 97 | Fax 45 27 96 | www.istra.com).*

TRÜFFELN, WEIN UND TRAUBENSCHNAPS

Die lohnendsten Mitbringsel sind kulinarischer Natur

> Istrien und Kvarner haben nur wenige kunsthandwerkliche Traditionen, so ist das Angebot an Souvenirs eher klein und nicht besonders originell. Dafür entschädigen aber die vielfältigen Produkte, die istrische Bauern, Winzer, Hausfrauen und Imker auf lokalen Märkten, am Straßenrand oder in geprüfter Qualität in Delikatessenläden verkaufen.

BUKALETA

Ein beliebtes Andenken und Mitbringsel ist der für diese Region typische, handbemalte Tonkrug *bukaleta,* aus dem man istrischen Wein trinkt.

HAUSGEMACHTES

An der Küstenstraße verkaufen Bauern neben frischem Obst und Gemüse in Traubenschnaps eingelegte Früchte, Akazienhonig und Marmelade – preiswerte und originelle Mitbringsel, die zu Hause noch lange die Erinnerung an die Ferien aufrechterhalten. Den köstlichen, luftgetrockneten Jungschweinschinken *pršut* können Sie ebenfalls direkt beim Erzeuger kaufen – haltbarer und meist ebenso gut bekommen Sie ihn auch eingeschweißt im Supermarkt.

MORČIĆ

Die Juweliere von Rijeka stellen Schmuckstücke mit dem Emaillebild des *morčić* schon seit Jahrhunderten her. Das bunte Mohrenköpfchen mit Riesenturban soll an die Bedrohung durch die Türken erinnern, gilt heute aber als Glücksbringer und Symbol der Stadt. Es ziert goldene Schmuckstückchen vom Ohrring bis zum Manschettenknopf.

OLIVENÖL

Schilder mit der Aufschrift *olje*, also Öl, weisen entlang der Straßen auf Bauernhöfe hin, die selbst gepresstes Olivenöl verkaufen. Neben den einfachen, bäuerlichen Betrieben gibt es mittlerweile auch zahlreiche ambitionierte Produzenten, deren Öle internationale Preise gewonnen haben und deren Höfe eine eigens aus der Taufe gehobene „Straße des Olivenöls“ verbindet. Adressen und

> EINKAUFEN

Beschreibung finden Sie unter *www.istria-gourmet.com*.

SALZ

In den slowenischen Salinen von Sečovlje wird heute noch mit traditionellen Methoden Salz durch Meerwasserverdunstung gewonnen. Dieses absolut saubere Naturprodukt ist preiswert – zu kaufen entweder direkt an den Salinen oder im Laden von *Piranske Soline* in Piran *(tgl. 10–17 Uhr | ul. IX. Korpusa 2)*. Übrigens können Sie hier auch *Fleur de Sel (slo: solni cvet)* bekommen, das kostbare Produkt der ersten Salzblüte aus pyramidenförmigen Kristallen, ohne das kein Küchenchef von Welt heutzutage mehr auskommt. Es verleiht Speisen einen unvergleichlichen Geschmack.

Insider Tipp

TRÜFFELN

Wenn Sie sich für Trüffeln begeistern können, die im Tal der Mirna in Kroatisch-Istrien wachsen, sollten Sie einen Abstecher ins kleine Dorf Livade an der Straße Motovun–Oprtalj machen. Im Geschäft *Zigante Tartufi (tgl. 10–18 Uhr)* werden je nach Saison frische schwarze und weiße Trüffeln und Trüffelprodukte wie Olivenöl mit Trüffelgeschmack oder Schafskäse mit Trüffeln sowie Istriens Qualitätsweine angeboten. Filialen des Geschäfts finden Sie auch in Buje, Buzet und Pula *(www.zigantetartufi.com)*.

WEIN

Weine aus Istrien und dem Kvarner haben sich längst international einen Namen gemacht. Der weiße Malvazija und die roten Sorten Teran, Refošk und Merlot sowie zahlreiche andere, lokale Rebsorten werden von den meisten Winzern direkt verkauft; in Istrien wie auf den Kvarner-Inseln führen deutlich ausgeschilderte Weinstraßen zu den Kellereien, in denen Sie Wein verkosten und kaufen können *(www.istria.gourmet.com)*. Ein Tipp: Machen Sie doch mal einen Abstecher zu *Elido Pilato* in Lasici *(Vizinada | Tel. 052/44 62 81)* mit in Barrique ausgebautem Teran und einem aromatischen Malvazija.

> DIE SLOWENISCHE RIVIERA

Lebhafte Fischerstädtchen mit italienischem Flair bezaubern an der Küste, Grotten und ein berühmtes Gestüt im Hinterland

> Ganz Slowenien ist gerade halb so groß wie die Schweiz oder Dänemark. Aber kein anderer europäischer Staat birgt so viele unterschiedliche Landschaften.
So finden Sie ein Stück pannonisches Tiefland gen Ungarn im Osten, liebliches Hügelland zwischen der österreichischen Steiermark und Kroatien, die Karnischen und die Julischen Alpen im Dreiländereck Italien/Österreich/Slowenien sowie den Karst und die Adriaküste an der Grenze zu Italien. Gut 40 km misst der slowenische Küstensaum, der nördlichste Teil der Halbinsel Istrien. Die Stadt Koper trägt Istrien in ihrem italienischen Namen *Capodistria* (Kopf Istriens). Als internationaler See- und Handelshafen gewinnt Koper für den Raum der ehemaligen Donaumonarchie Österreich-Ungarn immer mehr an Bedeutung.

Mit gebührendem Abstand strecken Hafen- und Industrieanlagen

Bild: Grotte von Škocjanske jame

SLOWENISCH ISTRIEN

ihre Fühler in Richtung Ankaran aus. Nach Süden reihen sich der Fischerort Izola, das Kleinod Piran und die Ferien- und Freizeitmetropole Portorož an der Küste. Die Salinen von Strunjan und Sečovlje liefern Meersalz für den guten, luftgetrockneten Karstschinken sowie Heilschlamm (Fango), der in den Kurprogrammen der Therapiezentren von Portorož und Strunjan Anwendung findet. Im hügeligen Hinterland gedeihen Rebstöcke. Nach langer Pause werden seit einigen Jahren auch wieder Olivenbäume neu gepflanzt. Eine extreme Frostperiode hatte den Bestand in den Zwanzigerjahren fast völlig vernichtet.

Der Reichtum dieser Region gründet sich seit eh und je vor allem auf das Salz, das Öl und den Wein. Für das mächtige Venedig, das hier überall seine kulturellen Spuren hinterlassen hat, war dieses Gebiet

Außen von Wehrmauern umgeben, innen bemalt mit gotischen Fresken: Kirche von Hrastovlje

mehr als 500 Jahre, bis 1797, eine wichtige Provinz. Heute haben sich in den alten Dörfern des Hinterlandes, vor ein paar Jahren noch vom Verfall bedroht, junge Familien in altem, renoviertem Gemäuer oder in piekfeinen neuen Häuschen niedergelassen.

Ausführliche Informationen zu Slowenien finden Sie im gleichnamigen MARCO POLO Reiseführer.

IZOLA

[122 B3] **Auf der Küstenstraße von Norden kommend, sehen Sie von Izola (8500 Ew.) kaum mehr als die große Schiffswerft. Der Durchgangsverkehr in Richtung Kroatien windet sich um das Fischerstädtchen herum.** Vom Meer hat man den schönsten Blick auf das Zentrum von Izola, auf den kleinen Altstadtkern mit der *Basilika St. Maurus* aus dem 16. Jh. und dem *Rathaus*. In den engen Gassen erstrahlt inzwischen nicht nur der *Besenghi-Palast,* Sitz der Italienischen Gemeinschaft, in restauriertem Glanz. Zwischen Koper und Portorož bahnt Izola sich seinen Weg in den Tourismus mit Kunst und Kultur.

SEHENSWERTES

ALTSTADT ★

Noch bis vor ein paar Jahren drohte Izolas Altstadt langsam zu veröden. Zum symbolischen Mietpreis von einem Cent pro Jahr sind jetzt junge Künstler in 18 leer stehende Läden eingezogen. In der *Ljubljanska ulica* und der *Koprska ulica* können Sie den Malern, Grafikern und Kunsthandwerkern bei ihrer Arbeit im Atelier zuschauen. Außerdem gibt es dort auch noch das originelle *Straßenmuseum:* Beim Bummel durch die Gassen begegnet den Besuchern die Geschichte Izolas, der Fischerei, des Handels, der Seeschifffahrt und des täglichen Lebens in Exponaten, die in insgesamt 20 Geschäften – vom Supermarkt bis zum Schuhma-

Insider Tipp

cher – ausgestellt sind. Und Freunde der Eisenbahn können im *Museum Parenzana* interessante Entdeckungen machen (s. Kapitel „Mit Kindern reisen").

ESSEN & TRINKEN

HIŠA TORKLA
Insider Tipp

Der elegante Landgasthof hoch über Izola überrascht mit raffiniert verfeinerten istrischen Gerichten aus absolut frischen Zutaten. *Korte 44/b | Tel. 05/642 15 10 | €€–€€€*

MARINA

Gepflegtes Restaurant im alten Fischereihafen mit einer guten Auswahl slowenischer Weine. *Veliki trg 11 | Tel. 05/660 41 00 | €€*

ÜBERNACHTEN

SIMONOV ZALIV

Nur wenige Schritte von Izolas flach abfallendem Kiesstrand liegt dieser Hotelkomplex inmitten einer schönen Grünanlage. *180 Zi. | Morova 6a | Tel. 05/660 31 00 | Fax 641 84 02 | www.sansimon.si | €€*

AUSKUNFT

Sončno nabrežje 4 | Tel. 05/640 10 50 | Fax 640 10 52 | www.izola.si

ZIELE IN DER UMGEBUNG

HRASTOVLJE [123 D4]

An der markanten, steilwandigen Schnittstelle zwischen der Halbinsel Istrien und dem Karstplateau rund 25 km östlich von Izola steht das romanische ★ *Kirchlein der Hl. Dreifaltigkeit* (slowenisch: *Sveta Trojica*) aus dem 12. Jh. Es ist von dicken, grauen Wehrmauern umgeben und thront wie ein drohender Wächter auf einem Hügel über dem Dorf. Bis in den letzten Winkel gestaltete der istrische Meister Janez iz Kastva (Johannes aus Kastav) den Innenraum des Gotteshauses im 15. Jh. mit einer farbenprächtigen Freskenkomposition aus verschiedenen biblischen Motiven.

Im kunsthistorisch bedeutendsten Teil des Werks, dem „Totentanz", Insider Tipp führt der Knochenmann einen jeden , sei er Papst, Kaiser, Bischof oder Bettelmann, auf seinem Weg durchs

MARCO POLO HIGHLIGHTS

★ Altstadt
In der Altstadt von Izola sind junge Küstler in leer stehende Läden eingezogen (Seite 32)

★ Kirchlein der Hl. Dreifaltigkeit
In Hrastovlje tanzen Reich und Arm im Freskenreigen mit dem Tod (Seite 33)

★ Lipica
Die Kinderstube der weltberühmten Lipizzanerpferde (Seite 35)

★ Škocjanske jame
Eine bizarre Wunderwelt lockt in den Grotten unter der Erde (Seite 35)

★ Piran
Das Ensemble farbenfroher Häuserfassaden rund um den Tartini-Platz entzückt alle Fotografen (Seite 36)

★ Salinen
In den Salzgärten wächst das weiße Gold so wie schon seit Jahrhunderten (Seite 38)

Leben an der Hand. Mehrsprachige Erklärungen dazu vom Tonband. *Mi bis Mo 9–12 und 13–17 Uhr | 2 Euro*

KOPER [122 B3]

KARTE IN DER HINTEREN UMSCHLAGKLAPPE

Die Strecke vom italienischen Triest nach Koper (20 km) ist groß beschildert, aber meist nur mit dem italienischen Namen *Capodistria* und ohne den Hinweis, dass sich die Stadt in Slowenien befindet. Die Slowenen wiederum betiteln Triest als *Trst,* und auf den kroatischen Straßenschildern in Südistrien steht *Kopar* für Koper. Doch dies sind nur kleine, etwas verwirrende Details in dem ansonsten beschaulichen Dreiländereck.

Das Dörfchen Lipica in Slowenien ist die Heimat der berühmten Lipizzanerpferde

Hinter einer Schnellstraße, hinter Industrieanlagen, Bahngleisen und Neubausiedlungen versteckt sich die venezianisch geprägte, malerische *Altstadt* von Koper (ca. 25 000 Ew.) auf einer Halbinsel 7 km östlich von Izola. Hier werden Sie gleich mit dem größten Problem an der relativ wohlhabenden slowenischen Riviera Bekanntschaft machen: mit der Parkplatzmisere. Da hilft nur Umsteigen: Die häufig verkehrenden Linienbusse aus den Urlauberzentren bieten eine gute Alternative zum eigenen Auto.

Sehenswert sind auf dem Stadtplatz der *Prätorenpalast* mit seinen eindrucksvollen Zinnen, gegenüber die prächtige *Loggia,* in die noch 2009 ein neues Café einziehen soll. Ihr zur Seite steht die reich geschmückte *Kathedrale* mit wertvollen Gemälden des Venezianers Vittore Carpaccio aus dem 16. Jh. und dem Glockenturm. Unweit davon präsentiert das *Regionalmuseum (Di–Fr 10–18, Sa/So 9–13, Juli/Aug. 9–13 und 18–21 Uhr | 2 Euro | Palazzo Belgramoni-Tacco | Kidričeva ulica 19)* eine historische Darstellung des Küstenlandes.

Die Geschäftsstadt Koper ist kein Ferienort, aber dennoch einen Ausflug wert. In gut sortierten Läden, im Kaufhaus und auf dem Markt bekommt man alles für den täglichen Bedarf. Zum großen Einkaufsbummel aber fahren selbst die Einheimischen über die italienische Grenze ins nahe Triest.

Auskunft: *Tourismusverband | Titov trg 3 | Pretorska palača | Tel. 05/ 664 64 03 | Fax 664 64 06 | www.turizemvkopru.si*

> www.marcopolo.de/kroatienkueste-ik

LIPICA ★ [122 C2]

Rund 45 km nordöstlich das Pflichtprogramm für die Freunde des Pferdesports: das 1580 vom österreichischen Erzherzog Karl gegründete *Stammgestüt,* die Wiege der weltberühmten Lipizzanerzucht, Stolz der Spanischen Hofreitschule in Wien. Wer sich nicht selbst in den Sattel schwingen oder den täglichen Dressurvorführungen als Zuschauer beiwohnen will (s. Kapitel „Mit Kindern reisen"), kann sich anderweitig spielend die Zeit vertreiben: auf dem sehr schön angelegten *Golfplatz* (9-Loch-Kurs) oder bei rollenden Roulettekugeln und klimpernden Spielautomaten im *Kasino.* Übernachtungsmöglichkeiten direkt am Gestüt bieten die leider etwas vernachlässigten Hotels *Klub (59 Zi.)* und *Maestoso (75 Zi. | beide Tel. 05/739 15 80 | Fax 739 17 30 | www.lipica.org | €€).*

ŠKOCJANSKE JAME ★ [123 D2]

Eine Unterwelt voller glitzernder Tropfsteine, ein versteinertes Paradies phantastischer Entdeckungen ist dieses einzigartige Schmuckstück der Natur, durch das die schäumenden Wasser des Reka in einer 100 m tiefen Schlucht tosen. Das faszinierende Grottensystem von Škocjan ist bei der Unesco als Naturerbe verzeichnet.

Der Eingang zur Grotte befindet sich gut 50 km nordöstlich von Izola auf dem Karstplateau, im Dorf *Matavun,* 1,5 km von der Hauptstraße zwischen Kozina und Divača. Für den Besuch sollten Sie unbedingt festes Schuhzeug anziehen, der Weg durch die Grotte, rund eineinhalb Stunden, ist feucht und an abschüssigen Stellen und Treppen teilweise sehr rutschig. *Juni–Sept. acht Führungen, Okt.–Mai zwei bis drei Füh-*

Auch Architektur und Atmosphäre sind in Kopers Altstadt italienisch geprägt

rungen tgl. | 1 Euro | www.park-skocjanske-jame.si

PIRAN

[122 A3] ★ Das auf einer Landzunge weit in die Adria vorgeschobene Städtchen (4800 Ew.) am äußersten südwestlichen Zipfel Sloweniens, wohl das schönste an der slowenischen Adria, bietet die für diese zweisprachige Region typische Mischung aus italienischem und slowenischem Ambiente.

SEHENSWERTES

ALTSTADT

Der Aufstieg durch die Gassen zur *Kirche des hl. Georg* lohnt sich: Sie haben einen prachtvollen Ausblick auf den Golf. Unten am Tartini-Platz das *Standbild* des „Teufelsgeigers" Giuseppe Tartini, der 1692 in Piran geboren wurde, das malerische *Hafenbecken,* der klassizistische *Gemeindepalast* und ein roter venezianischer *Palazzo* mit der Inschrift: „Lassa pur dir" – lass sie nur reden. Im 15. Jh. hat ein Kaufmann ihn für seine Geliebte bauen lassen.

> LOW BUDGET

- Gratis ins Meer: Entlang Sloweniens Küste besetzen kostenpflichtige Strandbäder die schönsten Abschnitte; wenn Sie sich den Eintritt sparen möchten, finden Sie an der nördlichen Uferpromenade von Piran zwischen Felsen mehrere Metallleitern, über die Sie bequem und gratis ins Wasser klettern können.
- Noch billiger übernachten: Eine Nacht im *Youth Hostel Alibi B 14* in Piran kostet 20 Euro. Dafür gibt's ein Haus voller Graffiti, ein Bett im Vierbettzimmer, eine Sonnenterrasse, WLAN-Internet und einen 50 Meter entfernten Strand: *www.alibi.si.*

SERGEJ MAŠERA (MEERESMUSEUM)

Am kleinen Hafenbecken erinnern Schiffsmodelle und Ölgemälde von prächtigen Segelschiffen sowie Exponate aus der Seefahrt und Fischerei an die maritime Historie der Stadt. *Di–So 9–12 und 15–18, Juli/Aug. 18–21 Uhr | 3,50 Euro | Cankarjevo nabrežje 3*

TARTINI-HAUS

Im Geburtshaus des Geigers und Komponisten Giuseppe Tartini (1692–1770) wird eine Sammlung seiner Noten, Handschriften und eine kostbare Amati-Violine gezeigt. *Sept.–Mai tgl. 11–12 und 17–18, Juni–Aug. 9–12 und 18–21 Uhr | 2 Euro | Tartinijev trg*

ESSEN & TRINKEN

An der Spitze der Halbinsel reihen sich mehrere gute Fischrestaurants, Cafés und Kneipen mit schönem Meerblick bunt aneinander. Die Lokale in den engen Gassen sind meistens etwas preiswerter, und man trifft eher auf einheimische Gäste.

NEPTUN

Das Restaurant mit maritimem Ambiente hat seit Jahren viele einheimische und italienische Stammgäste. *Župančičeva 7 | 05/673 41 11 | €–€€*

PRI MARI

Insider Tipp

Auch wenn man hier nicht direkt am Meer sitzt, und es kaum Tische im

Freien gibt – das Restaurant zählt zu den besten an der slowenischen Küste und begeistert mit phantasievoller, köstlicher und dabei nicht zu teurer Küche. *Dantejeva 17 | Tel. 05/673 47 35* | €€

Zum Charme von Piran trägt wesentlich der malerische Hafen bei

ÜBERNACHTEN

TARTINI

Hotelneubau mit interessanter, moderner Inneneinrichtung hinter einer alten Fassade direkt am Tartini-Platz. Ein Bravourstück aus den Werkstätten slowenischen Designs. *40 Zi. | Tartinijev trg | Tel. 05/671 10 00 | Fax 671 16 65 | www.hotel-tartini-piran.com* | €€

VAL HOSTEL

Kleines Jugendhotel für alle, die sich jung genug fühlen und eine preisgünstige Unterkunft in der Altstadt suchen. *22 Zi. | Gregorčičeva 38a | Tel. 05/673 25 55 | Fax 673 25 56 | www.hostel-val.com* | €

AM ABEND

Man trifft sich auf der *Punta,* der Spitze der Halbinsel, oder schlendert durch die engen Gassen. *Portorož* bietet ein intensiveres Nachtleben. Im Juli und August finden die *Piraner Musikabende* statt: Kammerkonzerte heimischer und internationaler Musiker in den Kirchen und im Kreuzgang des Franziskanerklosters.

CAFÉ TEATER ▶▶

Abends ist das nostalgische Café der Szenetreff in Piran. *Prešernovo nabrežje | Mobil-Tel. 041/71 18 88*

AUSKUNFT

TOURIST-INFORMATIONSZENTRUM

Tartinijev trg 2 | Tel. 05/673 44 40 | Fax 673 44 41 | www.portoroz.si

PORTOROŽ

[122 A4] **Das bedeutendste Seebad an der slowenischen Riviera (4500 Ew.) breitet sich am oberen Rand der Bucht von Piran zu Füßen einer Hügelkette aus, die den Kurort im Winter vor kalten Nordwinden schützt.** Die breite Seeuferstraße mit der Promenade und dahinter die

Reihe älterer und neuer Hotels verleihen Portorož (auf Deutsch „Rosenhafen") vor allem Großzügigkeit und einen Hauch von Eleganz.

Das 1911 gebaute Grandhotel und das Spielkasino von 1913 gelten als die Urzelle des Fremdenverkehrs in Portorož. Die Spielbank wurde 1964 neuerlich eröffnet. Zu einem Teil wurde die ansehnliche touristische Infrastruktur im Sport- und Freizeitangebot aus den Gewinnen des Kasinos finanziert. Der Strand lockt mit aufgeschüttetem, feinem Sand, und die Marina mit 1200 Liegeplätzen im angrenzenden Ort *Lucija* gehört zu den besten und leistungsfähigsten Yachthäfen an der gesamten Adriaküste.

Die Gästestruktur ändert sich in Portorož mit der Jahreszeit: Im Sommer kommen vor allem junge Familien mit Kindern, im Winter hingegen bleibt das Terrain weitgehend den Kurgästen und Nachtschwärmern aus den umliegenden Orten überlassen. Mit seinen Kasinos, Bars und Diskotheken bietet das Seebad ganzjährig Unterhaltung für jeden Geschmack. Ein 4 km langer Spazierweg verbindet Portorož mit Piran.

SEHENSWERTES

FORMA VIVA

Auf der Halbinsel *Seča* stehen einige Marmorskulpturen eines früher alljährlich veranstalteten Bildhauersymposiums. Von diesem wenig besuchten, schattigen Rasenplatz bietet sich ein schöner Blick auf Portorož.

SALINEN ★

Zur anderen Seite der Halbinsel kommt man nach einem kurzen Fußweg hinunter zu den 700 Jahre alten Salzgärten von *Sečovlje*. Ein Teil der Salinen ist stillgelegt und den Seevögeln als Brutreservat überlassen. Insider Tipp Eines der alten Salzhäuser dient jetzt als *Museum zur Salzgewinnung (Juli/*

Eine Prozedur, die viel Zeit und Sonne braucht: Salzgewinnung in den Salinen von Sečovlje

Aug. 9–20, April–Juni, Sept./Okt. 9–18 Uhr | 3,50 Euro).

ESSEN & TRINKEN

Pizza, Pasta, Grillteller und Meeresfrüchte für jeden Geschmack gibt es rechts und links der Seeuferstraße.

MAJESTIC

Schick und der italienischen Küche verpflichtet ist dieses Restaurant mit Terrasse zum Meer und frischer Fischküche. *Obala 18a | Tel. 041/885 198 | €€*

RIBIČ

Das an den Salinenfeldern gelegene, gemütliche Gasthaus unter schattigen Bäumen ist an den Wochenenden ein beliebtes Stammlokal italienischer Tagesausflügler aus Triest. Auf der Karte stehen Fisch- und Fleischgerichte und einheimische Weine. Spezialität: Drachenkopffisch auf Kartoffeln aus dem Backofen. *Seča 143 | Tel. 05/677 07 90 | €€*

ÜBERNACHTEN

Insider Tipp

KEMPINSKI PALACE PORTOROŽ

Lange musste der ehrwürdige Palast auf seine Renovierung warten. Mit modernem Anbau, einem wunderschönen Spa-Bereich mit Innen- und Außenpool, ungemein geschmackvoller Einrichtung und perfektem Service erfüllt es nun höchste Ansprüche. Herrlich nostalgisch: Frühstück im Kristallsaal! *183 Zi. | Obala 45 | Tel. 05/692 70 00 | Fax 692 79 50 | www.kempinski-portoroz.com | €€€*

PENSION FORMA VIVA

Die familiär geführte Pension hat zweckmäßig eingerichtete Zimmer und eine schöne Panoramalage über Portorož. *28 Zi. | Seča 159 | Tel. 065/677 07 89 | Fax 677 88 08 | www.formaviva-portoroz.com | €*

FREIZEIT & SPORT

LAGUNA BERNARDIN

Badespaß rund ums Jahr und auch bei schlechtem Wetter im 32 Grad warmen Meerwasser garantiert das Familienfreizeitbad mit Blick auf die Adria. *Tgl. 7–21 Uhr | Mo–Fr 5 Euro, Sa/So 7,10 Euro | www.h-bernardin.si*

WAI THAI

Insider Tipp

Wellnesszentrum der besonderen Art: traditionelle thailändische Massage, Körperpflege, Entspannung und Meditation in mystischem Ambiente. Reservierung empfohlen. *Obala 33 | Tel. 05/692 70 70 | www.lifeclass.net*

AM ABEND

CACAO

In der weiß-grau durchgestylten Lounge beginnt die wohlhabende Jugend den Abend bei Snacks, bunten Cocktails und den angeblich besten Eisbechern der slowenischen Küste. *Obala 14 | www.cacao.si*

NEWS CAFÉ

In dem beliebten Café-Pub im Bernardin-Areal gibt's gelegentlich Livemusik; berühmt sind die fantasievollen Cocktails. *Obala 4f*

AUSKUNFT

TOURISMUSVERBAND

- *Obala 16 | Tel. 05/674 22 20 | Fax 674 82 61 | www.portoroz.si*
- *Avditorij | Senčna pot 10*

> ZWEI SEELEN IN EINEM HERZEN

Mediterrane Betriebsamkeit an der Küste, mittelalterliche Städtchen im verträumten Hinterland

> Von Umag bis Pula erstreckt sich eine der großen Ferienregionen des Mittelmeerraumes. Von Touristensiedlungen umbaut, liefern alte, frisch polierte Städtchen die romantische Kulisse und das Flair für das vergnügliche mediterrane Urlaubserlebnis.

Die Fischer fahren zwar noch immer hinaus aufs Meer, doch mit den Zimmern, die sie den Sommer über vermieten, erwirtschaften sie längst einen ganz wesentlichen Teil des Lebensunterhalts. Wenige Kilometer landeinwärts schlummern uralte, pittoreske Ortschaften, die fast alle auf einem Hügel thronen. Unnahbar und grau zeigen sie sich mit ihren dicken Festungsmauern, aus denen der Glockenturm wie ein drohender Zeigefinger ragt.

Erste Erfolge in der Entwicklung des wirtschaftlich schwachen Binnenlandes verzeichnet der „Agrotourismus“. Inzwischen sind es schon

Bild: Uferpromenade von Rovinj

KROATISCH ISTRIEN

über 200 Bauern- und Gutshöfe sowie Landhäuser, die Ferien auf dem Land und typisch istrische Küche anbieten. Vier ausgeschilderte Weinstraßen führen zu Winzerhöfen in den Regionen Buje, Buzet, Poreč und Rovinj. Zunehmend suchen Radwanderer die sportliche Herausforderung im grünen Hügelland auf verkehrsarmen Routen, die in den sechs Broschüren von „Istra bike“ *(www.istra-bike.com)* vorgestellt werden.

NOVIGRAD

[122 A6] **Wie alle alten Städtchen an der Westküste Istriens, so ist auch Novigrad (4000 Ew.), grün umrankt, auf eine Landzunge gebaut und hat bis heute seine mittelalterliche Struktur erhalten.** Nicht so sehr einzelne gotische Bürgerhäuser oder romanische Türme reizen in Novigrad. Es ist vielmehr die Atmosphäre in den engen Gassen und auf den offenen Plätzen, die den Ort insgesamt so anziehend macht. Der historische Stadtkern ist von einer zum größten Teil noch gut erhaltenen, mittelalterlichen Zinnenmauer umgeben. Bedeutendstes Bauwerk: die romanische *Basilika St. Pelagius* mit einer frühromanischen Krypta am *Veliki trg*, dem Hauptplatz.

MANDRAČ
Gemälde kroatischer Künstler schmücken die Wände des traditionellen Restaurants am Hafen. In der Küche werden Spezialitäten aus dem Meer meisterhaft zu delikaten Gaumenfreuden komponiert. *Mandrač 6 | Tel. 052/75 71 20 | €€€*

Das mittelalterliche Kastell von Pazin ist die wichtigste und größte Burganlage Istriens

ESSEN & TRINKEN

KONOBA ASTAREA
Das Edellokal im 9 km entfernten Brtonigla serviert traditionelle istrische Gerichte. *Di geschl. | Ronkova 6, Brtonigla | Tel. 052/77 43 87 | €€*

KONOBA ČOK
Fangfrischer Fisch ist hier stets zu empfehlen. Dazu gibt's eine gute Weinauswahl. *Im Winter Mi. geschl. | Sv. Antuna 2 | Tel. 052/75 76 43 | €€*

ÜBERNACHTEN

CITTAR
Sympathisches Familienhotel an der Stadtmauer nahe der Marina. *18 Zi. | Prolaz Venecija | Tel. 052/75 77 37 | Fax 75 73 40 | www.cittar.hr | €€*

SAN ROCCO Insider Tipp
Das im istrischen Stil erbaute Landhotel verwöhnt seine Gäste mit allem Komfort in paradiesischer Ruhe. *12 Zi. | Brtonigla | Sredna ulica, 2 | Tel.*

052/72 50 00 | Fax 052/72 50 26 | www.san-rocco.hr | €€€

AM ABEND

VITRIOL CAFÉ

Wunderbar romantisch: Longdrinks und Snacks mit Blick aufs Meer. *Ribarnička 6*

AUSKUNFT

TOURISMUSVERBAND NOVIGRAD

Porporella 1 | Tel./Fax 052/75 70 75 | www.istra–novigrad.com

ZIELE IN DER UMGEBUNG

DAJLA [122 A5]

Hinter dem ehemaligen Kloster 5 km nördlich liegt eine seichte Bucht. Der Insider Tipp *wilde Strand* um die Landzunge wird vor allem von Einheimischen besucht. Vorsicht, manchmal Seeigel im Wasser!

PAZIN

[123 D6] **Das Augenfälligste an der Stadt (9000 Ew.) im Herzen von Istrien ist das Kastell über der 120 m tiefen Schlucht, in der das Flüsschen Fojba in einem Felsenloch verschwindet.** Beachtenswert sind aber auch die Wandmalereien aus dem 15. Jh. der *romanischen Pfarrkirche.* Pazin ist seit der Selbstständigkeit Kroatiens wieder das Verwaltungszentrum für den kroatischen Teil von Istrien – wie schon zu Zeiten der Habsburger Herrschaft.

SEHENSWERTES

KASTELL

Die Festung ist eine der besonders gut erhaltenen in Kroatien. Die Fassade trägt die Wappen ihrer Besitzer, der Bischöfe von Poreč, der Patriarchen von Aquileia, der Grafen von

MARCO POLO HIGHLIGHTS

★ **Beram**
„Totentanz" auf mittelalterlichen Fresken (Seite 44)

★ **Hum**
In der kleinsten Stadt der Welt sind nur wenige Häuser bewohnt (Seite 45)

★ **Euphrasius-Basilika**
In Poreč beeindruckt byzantinische Baukunst aus dem 6. Jh. (Seite 46)

★ **Grožnjan**
Klassische Klänge im Künstlerdorf (Seite 48)

★ **Motovun**
Historisches Gemäuer und phantastische Ausblicke (Seite 49)

★ **Restaurant Zigante**
Küche höchster Raffinesse im Mekka der Trüffeln (Seite 49)

★ **Amphitheater**
Die Arena in Pula aus römischer Zeit (Seite 50)

★ **Nationalpark Brijuni-Inseln**
Safaripark und elegante Domizile im Nationalparkarchipel (Seite 54)

★ **Altstadt Labin**
Malerische Stadt auf einem Felsenhügel (Seite 56)

★ **Rovinj**
Mediterranes Flair in engen Gassen (Seite 58)

Görz, der Habsburger und der Familie Montecuccoli aus österreichischem Hochadel. Die Burg am Abgrund inspirierte Literaten wie Vladimir Nazor („Blutige Tage") und Jules Verne („Mathias Sandorf"). Heute ist hier das *Ethnografische Museum Istriens (Di–Do 10–15, Fr 11–16, Sa/So 10–16 Uhr | 15 Kuna)* untergebracht, mit Volkstrachten aus allen Teilen Istriens, Volksmusikinstrumenten wie der *sopila* (Flöte) und traditionellem Haus- und Handwerksgerät.

ESSEN & TRINKEN ÜBERNACHTEN

LOVAC

Motel und Restaurant am Stadtrand in Richtung Poreč. Von der Terrasse genießen Sie einen schönen Blick auf Pazin und seine Schlucht. Spezialitäten: Truthahn und hausgemachte Teigwaren *(fuži)* mit Rehgulasch. *26 Zi. | Šime Kurelića 4 | Tel. 052/ 62 43 24 | Fax 62 42 19 | €*

EINKAUFEN

Insider Tipp

Einmal monatlich, an jedem ersten Dienstag, ist großer *Kram- und Trödelmarkt* am Rande des Stadtparks.

AUSKUNFT

TOURISMUSVERBAND PAZIN

Franine i Jurine 14 | Tel./Fax 052/ 62 24 60 | www.tzpazin.hr

ZIELE IN DER UMGEBUNG

BERAM ★ **[123 D6]**

Von kunsthistorischer Bedeutung ist die 5 km westlich von Pazin etwas abseits des Dorfes Beram gelegene, freskengeschmückte *Friedhofskapelle*. Im „Totentanz" (1474) mahnt der Meister Vinzenz von Kastav die Gesellschaft seiner Zeit, vom Papst bis zum Bettler im Reigen mit Skeletten, an die irdische Vergänglichkeit. Das Fresko „Flucht nach Ägypten" spiegelt istrische Lebenswirklichkeit wider: ein mittelalterliches Städtchen auf einem Hügel, die rote istrische Erde, ein Mann mit einem Esel und einem Weinfass, eine Frau mit Kind und ein Mädchen, das den Korb mit Speisen auf dem Kopf trägt. *Schlüssel im Ort Beram bei Familie Sestan im Haus Nr. 38 | Tel. 052/62 29 09 (nur kroatisch und italienisch)*

Insider Tipp

BUZET **[123 D5]**

Unterhalb des Ćićarija-Massivs liegt 30 km nördlich von Pazin die Altstadt von Buzet (500 Ew.) auf einem Hügel, zu dessen Füßen sich die Neustadt ausbreitet. Es empfiehlt sich, hier das Auto zu parken und die enge Straße durch das alte *Stadttor* (16. Jh.) entlang der Festungsmauer zu Fuß hinaufzugehen. Um den Hauptplatz gruppieren sich die barocke *Marienkirche,* das Gebäude der alten Stadtverwaltung sowie alte Häuser des Adels und reicher Bürger. Wegen der hervorragenden thermischen Verhältnisse gilt Buzet als ▸▸ Hotspot für Paraglider; Infos gibt's unter *www.tici.hr*.

Insider Tipp

Auskunft: *Tourismusverband Buzet | Trg Fontana 7/1 | Tel./Fax 052/ 66 23 43 | www.tz-buzet.hr*

GRAČIŠĆE **[127 D1]**

Insider Tipp

Auf dem Weg von Pazin, 8 km in Richtung Plomin, liegt die befestigte Bauernsiedlung (420 Ew.), die mithilfe von Studenten aus Zagreb allmählich restauriert wird. Durch das *Stadttor* kommt man zur *Stadtloggia* und zum Hauptplatz mit dem *Salamon-Palast,* der *Bischofskapelle* und der *Marienkapelle.* Deren Fugen sind mit Nägeln gespickt, die Frauen in der Hoffnung einschlugen, ihr Kinderwunsch möge in Erfüllung gehen. Die Gebäude sowie die Schutzmauer stammen aus dem 15. und 16. Jh. Nebenan, in der gemütlichen *Konoba Marino (Mi geschl. | Tel. 052/68 70 81 | €€),* hängen getrocknete Maiskolben und alte Bauernkarrenräder an den Wänden. Man serviert hier mit *maneštra* und *fuži,* mit Wildbret, hausgemachten Würsten und *ombolo* nur typische Gerichte der istrischen Landküche.

HUM ★ **[123 E5]**

In der kleinsten Stadt der Welt (21 Ew.) 30 km nordöstlich von Pazin stehen heute nur noch zehn Häuser. Im Mittelalter zählte die Garnisonsfestung an der Grenze zwischen venezianischem und habsburgischem Besitz weit über 2000 Einwohner. Aber nicht nur wegen der alten *Stadtmauern,* des *Stadttors* und der romanischen *Friedhofskirche* mit Fresken aus dem 12. und 13. Jh. kommen die Besucher in den abgelegenen Ort. Mit typisch istrischen Spezialitäten wie Trüffelkäse oder süßen *kroštule* hat sich die *Humska Konoba (Tel. 052/66 00 05 | €)* vor allem bei einheimischen Feinschmeckern einen Namen gemacht.

Schaurig-schön: das 7 m lange Fresko des „Totentanzes" in der Friedhofskapelle von Beram

Insider Tipp

KOTLI [123 D5]

Kurz hinter Hum biegt links von der Straße nach Roč ein Weg zum einsam gelegenen, pittoresken Weiler Kotli ab. An heißen Tagen bietet ein Bad im Flüsschen Mirna eine wohltuende Erfrischung.

ROČ [123 D5]

Das seit dem Mittelalter befestigte Städtchen (184 Ew.) 30 km nordöstlich war einst ein Zentrum literarischen Schaffens in glagolitischer Schrift. Die *Konoba (Mo geschl. | €)* neben der Pfarrkirche serviert typisch istrische Gerichte. Hier beginnt die *Allee der Glagoliter:* Entlang des 6 km langen Weges nach Hum stehen seit 1977 zehn glagolitische Denkmäler aus weißem Stein zur Erinnerung an Kyrill und Method und an die kroatischen Glagoliter, Bewahrer nationaler Kultur und Identität.

SOVINJAK [123 D5]

Eine schmale, steile und kurvenreiche Straße windet sich von der Hauptstraße Buzet–Poreč (4 km von Buzet) durch ein mit Kiefern und istrischen Eichen bewaldetes Gebiet bis zum Weiler ✲ Sovinjak (293 m) 30 km nördlich von Pazin mit schönen Ausblicken auf die istrische Landschaft mit ihren zahllosen Hügeln.

2 km weiter in *Sovinjsko Polje* verbirgt sich in einer ehemaligen Ölmühle ein beliebter Treffpunkt der kroatischen Society. Nevio Sirotić serviert in der *Gostionica Toklarija (Di geschl. | Sovinjsko Polje 11 | Tel. 052/66 30 31 | Reservierung erforderlich | €€€)* erstklassige Trüffelgerichte.

POREČ

KARTE IN DER HINTEREN UMSCHLAGKLAPPE

[126 A1] Hier die verschachtelte, alte Stadt (17 000 Ew.) auf der Landzunge, dort mit gebührendem Abstand die Feriensiedlungen: Zum Norden lehnen sich *Pical* und *Špadići* direkt an die Altstadt von Poreč, wenige Kilometer entfernt folgen dann *Červar-Porat* und *Lanterna.* Nach Süden schließen sich an *Brulo* die Blaue Lagune und die Grüne Lagune an *(Plava laguna* und *Zelena laguna).* Last, but not least: Fünf Minuten tuckern die Boote vom Altstadthafen hinüber zur Hotelinsel *Sveti Nikola.* Pinienwälder, durchsetzt mit Steineichen, spenden hinter dem Felsenufer mit kleinen Kiesbuchten kühlenden Schatten. Sportangebote, ob im glasklaren Wasser oder an Land, sind reichlich vorhanden.

Die Altstadt von Poreč gehört im Sommer den Fußgängern. Zum Baden gehen die Einheimischen an die *Gradska plaža* (städtischer Strand) im Stadtteil *Novo Naselje,* wo in fast allen Privathäusern Zimmer und Apartments vermietet werden.

SEHENSWERTES

ALTSTADT

Alt-Poreč – das sind die von der Unesco zum Weltkulturerbe ernannte ★ *Euphrasius-Basilika* (6. Jh.) mit ihren prachtvollen byzantinischen Mosaiken *(tgl. 8–19 Uhr),* der *Bischofspalast* aus dem 13. Jh., der ✲ *Glockenturm* (Aufstieg möglich) aus dem 16. Jh.; vor allem aber sind es die Gassen und Gänge, die rechts und links des gepflasterten Hauptsträßchens *Dekumanus* aus römischer Zeit abzweigen. Historie und Moderne finden spannend zusammen, wenn im August junge Künstler während des *Street Art Festivals* die Altstadt mit Aktionen und Performances beleben *(www.street-art-festival.com)*.

Insider Tipp

felsaison duften viele Gerichte nach der schmackhaften Knolle. *Obala M. Tita 23 | Tel. 052/42 30 18 | €€–€€€*

ZLATNA RIBICA

In dem schlichten Restaurant schwingt Mamma Brence den Kochlöffel; Fisch und Meeresfrüchte holen Mann und Söhne noch selbst aus dem Meer. *Nikole Tesle 21 | Tel. 052/45 22 72 | €€*

Wurde zum Weltkulturerbe der Unesco erklärt: Euphrasius-Basilika in Poreč

HEIMATMUSEUM

Ein Lapidarium und eine heimatgeschichtliche Sammlung sind im *Barockpalast Sinčić* eingerichtet. Im Innenhof gibt es ein Café unter Schatten spendenden Kastanien. *Tgl. 10–13, 18–21, im Winter 10–12 Uhr | 15 Kuna | Dekumanus 9*

ESSEN & TRINKEN

SV. NIKOLA

Fischcarpaccio ist die Spezialität in diesem Gourmetrestaurant; zur Trüffelsaison duften viele Gerichte nach der schmackhaften Knolle. *Obala M. Tita 23 | Tel. 052/42 30 18 | €€–€€€*

EINKAUFEN

Mit Obst und Gemüse konkurrieren die Händler täglich auf dem *Markt* am *Trg J. Rakovca*. In einer der vielen *Galerien* in der Altstadt entdecken Sie vielleicht ein Gemälde oder handgearbeiteten Keramikschmuck.

ÜBERNACHTEN

LANTERNA KAMP

Der gut ausgestattete Campingplatz rund 10 km nördlich bei *Tar* bietet jede Menge sportlicher Aktivitäten. *Tel. 052/40 45 00 | www.camping-adriatic.com*

NEPTUN

Das gepflegte Hotel direkt in der Altstadt an der lebhaften Hafenpromenade ist eine ideale Adresse für Leute, die ihre Ferien nicht verschlafen wollen. Für Hotelgäste ist die Überfahrt zur Badeinsel *Sveti Nikola* gratis. *130 Zi. | Obala M. Tita 14 | Tel. 052/46 51 00 | Fax 45 14 40 | www.valamar.com* | €€

VIVA LAGUNA GALIJOT

Beliebt, mit vielen Sportangeboten für aktive Gäste. *100 Zi. | Plava laguna | Tel. 052/41 58 00 | Fax 41 58 18 | www.plavalaguna.hr* | €€€

FREIZEIT & SPORT

Die Ferienmetropole bietet ihren Gästen vielfältige Unterhaltungsmöglichkeiten, u. a. ▶▶ Wasserskilift, Jetskiverleih. Geführte Fahrradtouren können Sie mit *Istriabike* unternehmen *(www.istriabike.com)*.

AM ABEND

Im Sommer *Konzerte* in der *Basilika (www.concertsinbazilika.com)* und Programm auf der offenen Bühne auf dem *Trg marafor.* ▶▶ Insider Tipp: Jeden Mittwoch treffen sich die Freunde des Jazz im Innenhof des *Heimatmuseums (www.jazzinlap.com)*. Populäre Diskomusik gibt's im *Colonia Beach Club* neben dem städtischen Strand oder im *International* in der Zelena laguna.

AUSKUNFT

TOURISMUSVERBAND POREČ

Zagrebačka ulica 9 | Tel. 052/45 12 93 | Fax 45 16 65 | www.to-porec.com

ZIELE IN DER UMGEBUNG

GROŽNJAN ★ ▶▶ [122 B5]

Das pittoreske Künstlerdorf 30 km nordöstlich hat heute wieder etwa 80 ständige Einwohner und an die 200 Galerien und Ateliers. Nach dem Zweiten Weltkrieg war das Städtchen bis in die Sechzigerjahre von Verödung und Verfall bedroht. Künstler, denen man für einen symbolischen Preis die Häuser überließ, restaurierten die baufälligen Gemäuer und brachten neues Leben.

Alljährlich veranstaltet die internationale Musikjugend Sommerkurse, die mit Konzerten in der barocken *Pfarrkirche* ihren Abschluss finden. In den alten Gassen, auf Plätzen und in Hinterhöfen trifft sich das internationale Publikum zu Plauderrunden in architektonischer Harmo-

KROATISCH-ISTRIEN

Der Ort Grožnjan, einst dem Verfall preisgegeben, entwickelte sich zur Künstlerkolonie

nie von Mensch und Natur. Kaum ein anderer Ort in Istrien strahlt so viel Atmosphäre aus.

MOTOVUN ★ [122 C5]

Motovun (600 Ew.) thront, von Weinbergen umgeben, auf einem steilen Hügel 25 km nordöstlich von Poreč über dem Tal der Mirna. In den Wäldern entlang des Flusses wachsen die heiß begehrten Trüffeln. Zur Herbstzeit werden sie in den frühen Morgenstunden von den Hunden der Sammler aufgespürt. Für 1 kg Trüffeln zahlen Feinschmecker, vor allem Italiener, bis zu 750 Euro. Im eleganten ★ *Restaurant Zigante (Livade 7 | Tel. 052/66 43 02 | €€€)* am Fuß des Motovuner Berges können Sie diese Delikatesse verkosten. Motovun mit seinen alten Stadttoren, Palazzi, Bürgerhäusern und Kirchen ist einer der wenigen Orte im Binnenland, die man den Urlaubern an der Küste auch als organisierten Ausflug anbietet. Am Hauptplatz gibt es sogar ein *Hotel* in historischem Gemäuer *(Kaštel | 30 Zi. | Tel. 052/68 16 07 | Fax 68 16 52 | www.hotel-kastel-motovun.hr | €€)* sowie Cafés und Souvenirläden. Auf der *Stadtmauer* können Sie den romantischen Ort mit schönem Blick auf die Weinberge der Umgebung fast vollständig umrunden. Der romanische *Glockenturm* neben der *Kirche des hl. Stefan* war in früheren Zeiten zugleich Wehrturm.

Wer auf der gegenüberliegenden Seite der Mirna die Serpentinenstraße (mit bis zu zehn Prozent Steigung!) nicht scheut, trifft nach 7 km auf das mittelalterliche *Oprtalj*.

PULA

KARTE IN DER HINTEREN UMSCHLAGKLAPPE

[126 C4] **Geschäftigkeit bestimmt das Leben noch immer in der Hafenstadt, die mit 65 000 Einwohnern auch der größte Ort auf der Halbinsel ist.** Die jungen Soldaten, jetzt in den Uniformen der kroatischen Armee, gehören traditionell in das Straßenbild. Als sich Österreich-Ungarn Mitte des 19. Jhs. entschied, Pula zum wichtigsten Kriegshafen der Habsburger Monarchie auszubauen, erlebte die Stadt in kürzester Zeit ihre zweite große Blüte. Bis zum Ende des Jahrhunderts war die Einwohnerzahl von gut 1000 im Jahr 1842 auf etwa 40000 emporgeschnellt. Fast jeder Vierte stand in Diensten des Militärs. Die wichtigsten Sehenswürdigkeiten konzentrieren sich auf den Altstadtbereich. Sie stammen vorwiegend aus der antiken Blütezeit unter der Herrschaft der Römer im 1. Jh.

Kaum mehr als 15 km vom Zentrum entfernt reihen sich an der ausgefransten Küstenlinie um die Südspitze Istriens die Ferienanlagen von *Medulin, Pomer, Premantura, Banjole* und *Verudela.* Pula ist mit seinen Angeboten aus Stadt- und Kulturleben eine willkommene Abwechslung zu den Freizeitvergnügen am Meer.

SEHENSWERTES

AMPHITHEATER ★

Die Hauptattraktion von Pula ist das Amphitheater (1. Jh.). In der fünftgrößten Arena der Welt (132 × 105 m) begeisterten sich zur Römerzeit bis zu 23000 Zuschauer an den blutigen Gladiatorenkämpfen. Hinter der gut erhaltenen, 33 m hohen Fassade sind heute Musik und Tanz zu Hause: Im Juli gastiert hier das *Kroatische Filmfestival,* darüber hinaus gibt es Musikfestivals von Oper bis Rock. In

> BÜCHER & FILME

Istrische Streifzüge in Wort und Bild

- **Europa erlesen: Istrien/Europa erlesen: Kvarner** – Die lesenswerten Bändchen versammeln Texte historischer und aktueller Autoren zu den Themen Istrien bzw. Kvarner.
- **Harald Waitzbauer: Durch Istrien** – Die imaginäre Reise führt Anfang des 19. Jhs. mit der Istrischen Staatsbahn durch die k.u.k. Provinz Istrien.
- **Fulvio Tomizza: Materada** – Dem im istrischen Materada geborenen Schriftsteller gelang mit diesem Roman aus seiner Heimat der literarische Durchbruch.
- **Peter Lexe/Ferdinand Neumüller: Istriens köstliche Ziele** – Die beiden Autoren stellen in Text und Bild die besten Restaurants Istriens vor und garnieren das Buch mit köstlichen Rezepten.
- **Der Schatz im Silbersee/Winnetou I–III** – Viele Szenen der in den 1960er-Jahren so beliebten Karl-May-Verfilmungen wurden in Istrien und Kvarner gedreht, so z.B. in der Bucht Limska Draga oder an den Hängen des Risnjak-Nationalparks.
- **Die Toten vom Karst/Der Tod wirft lange Schatten** – Die Krimis von Veit Heinichen und deren TV-Verfilmungen spielen in Triest und Istrien. Sie spiegeln brisante Themen des Grenzgebiets – Menschenschmuggel, politische Vergangenheit – wie auch den Charme der Landschaft und der hier lebenden Menschen.

den Kellerräumen befindet sich eine Ausstellung über Wein und Olivenöl im antiken Istrien. *Sommer tgl. 8–21 Uhr | 40 Kuna | Trg festivala | Programm unter www.pulainfo.hr*

MARINE-GEDENKFRIEDHOF

Insider Tipp

Auf dem Friedhof *Mornaričko spomen groblje* oberhalb des Hafens im Stadtteil Stoja ist ein Stück Zeitgeschichte auf Gräber und Gedenk-

In Pulas Amphitheater: Wein und Olivenöl statt Blut und Schweiß

tafeln geschrieben: Von 1862 bis 1945 fanden Offiziere und Marineangehörige der k. u. k. Monarchie sowie italienische und deutsche Soldaten hier ihre letzte Ruhe unter Palmen und Zypressen. *Ulica Stoja*

ARCHÄOLOGISCHES MUSEUM

Über die *Carrarina ulica* geht man durch das zierliche Zwillingstor *Porta Gemina* zum Archäologischen Museum mit Funden aus der Römerzeit. Im Park die Fundamente eines Mausoleums, eines kleinen Theaters und eine antike Zisterne. *Mo–Sa 9 bis 20, So 10–15 Uhr | 20 Kuna*

DOM

Am Hafenkai liegt die dreischiffige Marienkathedrale, ein immer wieder umgebautes Bauwerk, in dessen Altarraum Mosaikreste aus dem 6. Jh. erhalten sind; nebenan der frei stehende Uhrturm.

TRG REPUBLIKE

Von der Antike bis zum Mittelalter war dies der religiöse und wirtschaftliche Hauptplatz, das Forum. An seiner Nordwestseite befinden sich der säulengeschmückte *Augustustempel* aus dem 1. Jh. und das an die Rückwand eines römischen Tempels gebaute *Rathaus* (13. Jh.).

TRIUMPHBOGEN

An der *Ulica Prvog maja* steht der kunstvoll geschmückte Triumphbogen der Sergier, ein römisches Bauwerk aus dem 1. Jh. v. Chr. Im Haus rechts davon lebte 1904–05 der irische Schriftsteller James Joyce.

EINKAUFEN

Die Einheimischen behaupten, der große tägliche *Markt* *(6 Uhr–Mittag)* Insider Tipp im Zentrum *(Narodni trg)* sei der beste und billigste ganz Istriens. Beliebtes Mitbringsel sind Knoblauchzwiebeln und im Herbst getrocknete

Römisches Relikt in der belebten Altstadt von Pula ist der antike Triumphbogen der Sergier

Feigen. Fisch, Muscheln und Krebse sowie Fleisch, Wurstwaren und Käse gibt's nebenan in der Markthalle.

ESSEN & TRINKEN

Insider Tipp **KONOBA BATELINA**

Der Vater fischt, der Sohn steht am Herd. Das Ergebnis sind frische Fischgerichte ganz ohne Chichi. *So geschl. | Čimulje 25 | Tel. 052/ 57 37 67 | €€*

VALSABBION

Für den verwöhnten Gaumen: Seedrache in Weinblättern. Toprestaurant Istriens und elegantes, kleines Hotel *(10 Zi.). Pješčana uvala IX/26 | Tel. 052/21 80 33 | www.valsabbion.hr | €€€*

ÜBERNACHTEN

CAMPING STOJA

Der 170 000 m^2 große Platz liegt auf einer Halbinsel, nur 3 km entfernt vom Zentrum. Hier können Sie auch Mobilheime für 4–5 Personen (€) mieten. *Stoja 37 | Tel. 052/38 71 44*

HISTRIA

Das komfortable Hotel direkt am Meer liegt ca. 5 km vom Zentrum von Pula auf der Halbinsel *Verudela*. Yachthafen und Sportzentrum in der Nähe. *220 Zi. | Punta Verudela | Tel. 052/59 00 00 | Fax 21 41 75 | www.arenaturist.hr | €€€*

AM ABEND

Entspannt und von Lounge-Sounds beschallt beginnt Pulas Jugend den Abend gern im *Cabahia (Širolina 4)*, um sich dann zur vorgerückten Stunde im *Club Uljanik (Dobrlina 2 | www.clubuljanik.hr)* zu Techno-Beats zu verausgaben. Im *Cvajner Kunst-Café* pflegen Intellektuelle und Theaterleute zwischen Kunst und Krempel ihre Kontakte direkt oder im Netz *(Forum 2)*.

AUSKUNFT

TOURISMUSVERBAND PULA

- *Forum 3 | Tel. 052/21 29 87 | Fax 21 18 55 | www.pulainfo.hr*
- *ACI-Marina | Riva 1*

ZIELE IN DER UMGEBUNG

FAŽANA **[126 B4]**

Das hübsche Hafenstädtchen 9 km nördlich von Pula ist Ausgangspunkt für Exkursionen auf die Brijuni-Inseln, bietet sich aber auch unabhängig davon als Ausflugsziel an: Malerisch gruppieren sich die alten Häuser um die Kirche *St. Kosmas und Damian* am Hafenbecken. Vom *Hotel Marina* am Hafen *(9 Zi. | Tel. 052/52 10 71 | www.marina-fazana.com | €€)* haben Sie einen herrlichen Blick auf Meer und Inseln; im Restaurant *Feral (Trg stare škole 1 | Tel. 052/52 00 40 | €)* wird die Spezialität der Region, gegrillte Sardinen, serviert.

MEDULIN UND KAMENJAK **[126 C5]**

Keine 15 km von Pula entfernt, an der grünen, buchtenreichen Südspitze von Istrien, haben sich die kleinen Dörfer *Medulin, Premantura, Banjole, Pomer* und *Peščana uvala* längst zu lebhaften Ferienzentren entwickelt. Unterkunft finden Sie hier vor allem in Apartments von Privatvermietern und auf Campingplätzen. Vorbestellung ist in der Hauptsaison ratsam, denn oftmals sind alle 1100 Stellplätze des *Autocamps Medulin (Tel. 052/57 28 00 |*

> BAUERNHOFURLAUB

Wo Kinderträume wahr werden

Katzen und Hunde streicheln, Hühner, Esel und Pferde füttern, mit Bauer Sinković aus Momjan auf dem Traktor in die Weingärten fahren oder die reifen Früchte vom Feigenbaum naschen – das können Kinder im grünen, hügeligen Binnenland von Istrien. Abseits vom touristischen Trubel an der Küste sind Feriengäste in privaten Landhäusern mit großen Gärten und auf typisch istrischen Bauernhöfen willkommen. Zum Baden im Meer fahren Sie mit dem Auto nie mehr als eine halbe Stunde. Detaillierte Informationen über die in den letzten Jahren sehr angewachsene Zahl von Objekten finden Sie in der Broschüre „Istra-Agrotourismus", herausgegeben vom Tourismusverband Istrien *(Tel. 0552/45 27 97 | Fax 45 27 96 | www.istra.com)*.

www.arenatourist.hr) sowie des gleich großen FKK- und *Campingplatzes Kažela (Tel. 052/57 60 50 | www.kampkazela.com)* belegt. Familien mit Kindern zieht es an die teils sehr seicht ins Wasser abfallenden Sand- und Kiesstrände. Segler und Surfer schätzen das Revier vor allem wegen der frischen Brise, die der Maestral im Sommer täglich mit sich bringt *(www.windsurfing.hr)*.

Aktiven Urlaubern wird viel geboten, zum Programm gehören Tennis, Minigolf, Reiten, Boccia sowie Surf-, Tauch- und Wasserskischulen. Zudem kann man Motor- und Paddelboote sowie Scooter mieten.

Mountainbiker radeln kostenlos über die holprigen Sandwege, die Istriens südlichsten Punkt, die 9,5 km lange und bis zu 1,5 km schmale Landzunge des *Rt Kamenjak* durchziehen. Autofahrer zahlen 20 Kuna Maut. Seit 1997 steht dieses unbewohnte, naturbelassene Niemandsland mit zahlreichen Buchten und kleinen Stränden unter Naturschutz. An der Südspitze sind zwei Dinge Kult: Die aus Schilf improvisierte *Safari Bar* und das Springen von den hohen Felsklippen, das die jungen Männer wagemutig und unter bewundernden Blicken der holden Weiblichkeit absolvieren. Insider Tipp

Auskunft: *Tourismusverband Medulin | Centar 223 | Tel./Fax 052/ 57 71 45 | www.tzom.hr*

NATIONALPARK BRIJUNI-INSELN ★ **[126 B4]**

Von Fažana aus tuckern kleine Schiffe rund ums Jahr (außer Januar) die 3 km über das turkisblaue Wasser nach *Veli Brijun*, zur größten der 14

Die Brijuni-Inseln mit Ruinen und phantastischer Natur sind ein beliebtes Ausflugsziel

Inseln, die zum Archipel *Brijuni* (italienisch *Brioni)* zählen. Bis zu Titos Tod 1980 war die Inselwelt streng bewacht und für Staatsgäste reservierte Sperrzone. Den elitären Kreis internationaler Machthaber, gekrönter Häupter und berühmter Stars, die hier Zutritt fanden, dokumentiert eine Fotoausstellung.

Zu Anfang des 20. Jhs., nachdem der deutsche Bakteriologe Dr. Robert Koch den Archipel von der Malaria befreit hatte, tummelte sich hier bis zum Ersten Weltkrieg die elitäre Prominenz aus ganz Mitteleuropa. Zum Nationalpark wurde der Archipel 1983 erklärt. Damit stehen Fauna und Flora eines mediterranen Paradieses unter Schutz. Man sieht seltene Bäume und Pflanzen, aber auch Tiere aus aller Welt, die Staatsoberhäupter Tito zum Gastgeschenk gemacht hatten.

Mit der Inselbahn werden Sie zu den Sehenswürdigkeiten auf Brijuni gefahren, durch den *Safaripark,* zu den *Ruinen* von römischen Bauten, vorbei an eleganten Gästehäusern und *Villen* in prächtigen Gärten. Erklärungen dazu auch in deutscher Sprache. Das etwa vierstündige Ausflugsprogramm kostet ab Fažana je nach Saison 17–30 Euro *(Vorbestellung im Sommer empfehlenswert! | Tel. 052/52 58 83).* Auskunft über *Hotelunterkünfte* und *Villen (alle €€€)* auf Brijuni: *Tel. 052/52 51 00 | Fax 52 13 67 | www.brijuni.hr*

VODNJAN **[126 C3]**

Die Küstenstraße Koper–Pula umgeht Vodnjan (ca. 5500 Ew.). Im Städtchen (10 km vor Pula) bestimmen noch die Einheimischen und nicht die Urlauber den Lebensrhythmus. Der alte Stadtkern ist von zwei Hauptstraßen durchzogen, um die sich enge Gassen mit gotischen Häuserzeilen aus dem 15. Jh. schlängeln. Die *Wallfahrtskirche* des hl. Blasius *(Sveti Blaž)* auf dem Stadtplatz wurde im 19. Jh. auf eine frühchristliche Basilika gebaut. In ihrer Schatzkammer verwahrt sie sakrale Kunstwerke aus dem 4.–19. Jh. und 380 Reliquien, darunter auch drei Mumien, die völlig erhaltenen Körper vom hl. Leon Bembo (geb. 1188), vom hl. Johannes Olinius (geb. 1300) und vom hl. Nicolosa Bursa (geb. 1465). Was die weder balsamierten noch luftdicht eingeschlossenen Mumien bis heute vor dem Zerfall bewahrt hat, ist wissenschaftlich bislang nicht erklärbar.

RABAC UND LABIN

[127 E2] Von Labin schlängelt sich eine Stichstraße hinunter in die von steilen, grün bewachsenen Hängen umgebene Bucht, in der sich Rabac (1350 Ew.) schon längst nicht mehr versteckt hält. Aus dem ehemaligen Fischerdorf an der Ostküste hat sich ab Mitte der Sechzigerjahre eines der landschaftlich besonders schönen und entsprechend beliebten Ferienzentren Istriens entwickelt.

Wo, wie auf der Landzunge *Sveti Andrija,* zwischen Wasser und Bergen ausreichend Raum vorhanden ist, reihen sich am weißen Kiesstrand Hotels, Villen und Campingplätze aneinander. Terrassenförmig drängen sich kleinere Wohnhäuser auf dem Hang hinter dem Hafen. Wer hier Quartier bezieht, bucht den wunderbaren Blick über das Wasser zur Insel Cres gleich mit.

Nicht nur die Straße (5 km), auch ein Wanderweg, der am Autocamp Oliva beginnt, verbindet Rabac mit

Rabac ist ein moderner Badeort mit Marina zu Füßen der mittelalterlichen Bergstadt Labin

dem mittelalterlichen Städtchen *Labin*, das die Römer einst *Albona* nannten.

SEHENSWERTES

ALTSTADT LABIN ★

Der geflügelte venezianische Markuslöwe auf dem *Stadttor* (16. Jh.) von Labin dokumentiert, wer hier seit 1420 fast vier Jahrhunderte lang das Sagen hatte. Durch das Tor kommt man in den ältesten Teil der Stadt, der auf einem 320 m hohen Felsenhügel thront. Am kleinen, alten *Hauptplatz* befinden sich der barocke *Palazzo Battiola-Lazzarini (Stadtmuseum)*, der *Prätorenpalast* und die *Marienkirche* aus dem 15. Jh. Vom *Glockenturm* eröffnet sich eine wunderschöne Aussicht über das Meer und das hügelige, grüne Binnenland.

Im 17. Jh. wuchs Labin über seine Verteidigungsmauern hinaus. Vor der Loggia wurde der neue Stadtplatz mit Rathaus, Läden und Bürgerhäusern angelegt. 1785 bis 1984 hat man im Raum Labin Steinkohle gefördert. Das *Stadtmuseum (Mo–Fr 10–13 und 18–20 Uhr, im Winter auf Anfrage | Ulica Prvog maja 6 | 15 Kuna)* vermittelt in einer Abteilung die Geschichte des Kohlebergbaus in Labin und Umgebung.

ESSEN & TRINKEN

RAPČANKA

Kleines, privates Restaurant in Rabac oberhalb des Hafens. Auf Vorbestellung delikater Hummer. *Obala Maršala Tita 31 | Tel. 052/87 27 84 | €€*

VELO KAFE

Konoba, Kaffeehaus und Rockcafé, für jeden etwas und alles unter einem Dach direkt am Hauptplatz in Labin. *Trg Maršala Tita 6 | Tel. 052/85 27 45 | €*

ÜBERNACHTEN

NOSTROMO

Die Pension in Rabac mit gutem Fischrestaurant hat freundlich eingerichtete, komfortable Zimmer. Buchen Sie eines mit Meerblick! *8 Zi. | Obala Maršala Tita 7 | Tel. 052/87 26 01 | www.nostromo.hr | €€*

Insider Tipp PINETA

Das große Landhaus in dem kleinen Dorf *Sveti Martin* ca. 10 km nordwestlich von Labin war einst im Besitz der Labiner Adelsfamilie Lazzarini. Heute beherbergt es Gäste in Apartments. Für das leibliche Wohl ist gesorgt, denn außer dem kleinen, beliebten Restaurant gibt es hier auch noch einen Weinkeller und eine Vinothek. Köstlich ist ihr *Koktel Krafi Pineta,* ein Dessert aus der Region Labin. *6 App. | Sveti Martin 32 b | Tel. 052/86 56 88 | Fax 86 50 15 | www.kastelpineta.com | €€*

VILLA ANNETTE

Von Pool und Frühstücksterrasse weit in die Kvarner-Bucht hinein schauen: Das 2004 erbaute Aparthotel mit zwölf komfortablen Wohneinheiten liegt oberhalb von Rabac, umgeben von einem schönen Garten. Mit kreativer Slow-Food-Küche hat sich das Restaurant bereits einen Namen gemacht. Insider Tipp Köstlich sind die schwarzen Ravioli mit *brodetto di rospo* (Seeteufelbrühe). *Raška 24 | Tel. 052/88 42 22 | Fax 88 42 25 | www.villaannette.hr | €€€*

FREIZEIT & SPORT

An diesem buchtenreichen Küstenabschnitt mit seicht abfallenden Kiesstränden werden Spiel und Spaß mit Jetski, *bananaboat* oder Wasserski großgeschrieben. Rabac gilt in der Szene auch als hervorragendes ▶▶ Windsurfrevier.

AM ABEND

Das sommerliche Nachtleben in Rabac findet vor allem an den Strän-

>LOW BUDGET

- > Preiswert schlemmen in Pula: Der gebürtige Bosnier Miloš Capalija legt abends in seinem einfachen *Buffet na Rivi* köstliche *ćevapčići* und *ražnjici* auf den Grill *(Flaciusova 4 | Tel. 052/44 10 21).*
- > Camping-Bungalows: Auch ohne Zelt können Sie auf vielen Campingplätzen preiswert unterkommen in Bungalows oder Wohnwagen, z.B. im *Camping Park Umag (Karigador | Tel. 052/72 50 40 | Fax 72 50 53 | www.istracamping.com*

den statt, beliebt ist vor allem der *Girandella Beach.*

AUSKUNFT

TOURISMUSVERBAND GEMEINDE LABIN
Titov Trg 10 | 52220 Labin | Tel./Fax 052/85 23 99 | www.rabac-labin.com

ROVINJ

[126 A2–3] ★ Am schönsten ist es, sich der mediterranen Perle an der Küste Istriens über das Wasser zu nähern. Der Adria, die das Schicksal der Stadt immer bestimmt hat, zeigt Rovinj (14 000 Ew.) seine schönste Seite.

Das Meer hat die Bewohner seit Urzeiten aus den reichen Fischgründen ernährt, hat der Stadt Freunde und Feinde, Reichtum und Ruin gebracht. Über das Meer kam auch die hl. Euphemia: In einer rauen Sturmnacht verschwand sie aus Konstantinopel und wurde in der Morgendämmerung des 13. Juli 800 in ihrem weißen Marmorsarkophag von den Fischern von Rovinj am Ufer aufgefunden. Ob Legende oder nicht, die hl. Euphemia ist bis auf den heutigen Tag die Schutzpatronin der Stadt. Seit 1677 gibt sie wichtige Orientierungshilfen für den Alltag, für jedermann gut sichtbar. Vom Glockenturm, aus 60 m Höhe, zeigt sie an, woher der Wind weht. Schaut sie ins eigene Land, so wird das Wetter schlecht, schaut sie aufs Meer hinaus, dann wird das Wetter gut.

SEHENSWERTES

ALTSTADT
Das stark venezianisch und unübersehbar italienisch geprägte Städtchen (fast ein Drittel der Einwohner sind Italiener) steigt steil den Hügel hinauf und besitzt eine ganze Reihe vorzeigbarer Fotoobjekte: am Hafen der *Rote Uhrturm*, der barocke *Balbi-Bogen* von 1680 an der Stelle des früheren Stadttors, das *Rathaus* aus dem

Italienisches Flair herrscht in den engen, gepflasterten Gassen von Rovinj

17. Jh. und auf einem Plateau über der Altstadt die *Kirche der hl. Euphemia* (18. Jh.). Von hier oben haben Sie einen wunderschönen Blick über das Wasser und auf die der Stadt vorgelagerten 14 kleinen Inseln.

ESSEN & TRINKEN

Insider Tipp

BLU

Ist es der herrliche Blick in die Abenddämmerung über der Adria, ist es die kreative, delikate Fischküche, ist es Lidias Herzlichkeit – wohl alles zusammen. Ein besonderes Restaurant für eine besondere Stadt. *Val del Lesso 9 | Tel. 052/81 12 65 | www.blu.hr | €€€*

Insider Tipp

KONOBA AL GASTALDO

Moderne Atmosphäre in traditioneller Umgebung einer kleinen Altstadtgasse sowie interessante Pastagerichte auf der vielseitigen Speisekarte sind die Trümpfe dieses Restaurants. *Iza kasarne 14 | Tel. 052/81 41 09 | €–€€*

EINKAUFEN

AQUA

Ein herrlicher Laden in den Farben des Meeres: Es gibt alles für den Strand, vom Schlüsselring zum Pareo, von den Flipflops bis zur Liegematte. *Carera 55 | www.aquamaritime.hr*

ÜBERNACHTEN

ANGELO D'ORO

Im alten Bischofspalast aus dem 17. Jh. nächtigen heutzutage Gäste aus aller Welt in den stilvollen, antik möblierten Räumen. Mit internationaler Gourmetküche hat sich das Restaurant einen Namen gemacht. *24 Zi. | Vladimira Švalbe 38–42 | Tel. 052/84 05 02 | Fax 84 01 11 | www.rovinj.at | €€€*

PARK

Schön gelegenes Hotel mit Blick auf die Altstadt (800 m) und die vorgelagerte Insel *Sveta Katarina. 202 Zi. | I.M. Ronjgova | Tel. 052/81 10 77 | Fax 81 69 77 | www.maistra.hr | €€*

VILA LILI

Die sympathische Pension liegt in einem ruhigen Wohnviertel, hat gemütlich eingerichtete Zimmer, Sauna und einen Garten. *18 Zi. | A. Mohorovičića 16 | Tel. 052/84 09 40 | www.hotel-vilalili.hr | €€*

AM ABEND

Vor allem junge Leute zieht es am Abend in die architektonisch und vom Ambiente her interessant gestalteten ▶▶ Bars am Fuß der Stadtmauern, wo sanfte Musik auf das gleichmäßige Plätschern der Wellen trifft.

Insider Tipp

AUSKUNFT

TOURISMUSVERBAND ROVINJ

Obala Pina Budičin 12 | Tel. 052/81 15 66 | Fax 81 60 07 | www.tzgrovinj.hr

– *ACI Marina*

ZIELE IN DER UMGEBUNG

DVIGRAD [126 B2]

Insider Tipp

Kurz vor Kanfanar (17 km landeinwärts) biegt auf der linken Seite eine Straße zu den Ruinen von Dvigrad (ca. 3 km) ab. Um diesen stillen, verlassenen Ort ranken sich Mythen und Märchen. Die pittoresken Ruinen der Sophienkirche und der einstigen

Wohnhäuser umschwärmen bei schönem Wetter Bienen und Schmetterlinge, in den Fugen wächst würzig duftender Thymian. Ein Platz für Romantiker und ein schöner Aussichtspunkt auf die dicht bewaldeten Hänge oberhalb der Limski-Bucht.

INSELN [126 A2–3]

Sveti Andrija (ehemals Rote Insel) und *Sveta Katarina* sind die beiden größten der insgesamt 14 Inseln vor Rovinj. Auf den ruhigen, grünen Oasen bieten sich am Felsstrand gute Bademöglichkeiten. Vom Hafen pendeln Boote hinüber. Kamera nicht vergessen – der Blick auf die Kulisse der Stadt ist ein lohnendes Motiv!

UMAG

[122 A4] **Am Ende der Bucht von Portorož, der Grenze zu Slowenien, beginnt am Kap Savudrija ein rund 30 km langer Küstenabschnitt dicht gedrängter Hotel-, Bungalow- und Campinganlagen mit dem Ort Umag (4800 Ew.) als Mittelpunkt.** Von Juni bis September pendelt eine Minibahn zwischen den Ferienzentren und dem alten Städtchen auf einer Landzunge. Berühmt ist Umag auch als „kroatisches Tennismekka“. Jedes Jahr wird hier das prominent besetzte ATP-Turnier *Croatia Open* ausgetragen.

SEHENSWERTES

ALTSTADT

An der Stelle des heutigen Umag befand sich schon vor zwei Jahrtausenden in der Römerzeit eine Siedlung. Den Mittelpunkt der Altstadt bildet die barocke *Pfarrkirche* aus dem Jahr 1757. Der frei stehende *Glockenturm* stammt noch aus dem 15. Jh.

ESSEN & TRINKEN

BUŠĆINA

Diese im Stil des istrischen Hinterlandes mit offenem Kamin rustikal

Umag: ein legerer Ferienort mit vielen Freizeitmöglichkeiten und barocker Pfarrkirche

eingerichtete *konoba* liegt 5 km außerhalb an der Straße nach Koper. Trüffel- und Fleischgerichte vom Lamm oder Wild sind die Favoriten auf der Karte. *Di geschl. | Buščina 18 | Marija na Krasu | Tel. 052/73 20 88 | €€*

DANI

In dem gemütlichen Lokal dreht sich im Herbst alles um Pilze, und zwar nicht nur um kostbare Trüffel. Natürlich gibt's auch eine große Auswahl an Fischgerichten und köstliche Weine – denn der Eigentümer ist Winzer. *Zemljoradnička 11 | Tel. 099/ 21 43 410 | €€*

ÜBERNACHTEN

NATURIST CAMPING KANEGRA

Bewaldete Hänge umrahmen den besten FKK-Campingplatz im Bereich Umag. *Kanegra | Tel. 052/ 70 90 00 | www.istracamping.com*

SOL STELLA MARIS

Auf einer mit Pinien bestandenen Halbinsel liegt das mit viel Grün aufgelockerte Feriendorf mit zahlreichen Ferienwohnungen in Bungalows und Apartmenthäusern. Zum Angebot der Anlage gehören u.a. Tennisplätze, ein kleiner Bootshafen, ein Kies- und ein Felsstrand sowie ein Meerwasserschwimmbad. *Rund 341 App. für 3 Pers. in der Hochsaison ab 110 Euro/Tag | Tel. 052/ 71 00 00 | Fax 71 09 99 | www.istra turist.hr*

Insider Tipp **VILLA ROSETTA**

Moderne, transparente Architektur, geschmackvolle Einrichtung, sehr persönlicher und aufmerksamer Service und ein Spitzenrestaurant zeichnen dieses familiäre Strandhotel westlich von Umag aus. *23 Zi. | Crvena Uvala 31, Zambratija | Tel. 052/72 57 10 | Fax 052/72 57 20 | www.villarosetta.hr | €€–€€€*

FREIZEIT & SPORT

Umag ist ein guter Standort für Wassersportler und Tennisspieler. In der Ferienanlage Stella Maris befindet sich außerdem ein *Center-Court* mit 3500 Zuschauerplätzen. Eine Riesenwasserrutsche lockt im *Aqua-Park* in *Katoro.*

AUSKUNFT

TOURISMUSVERBAND UMAG

– Trgovačka 6 | Tel. 052/74 13 63 | Fax 74 16 49 | www.tz-umag.hr
– ACI Marina Umag

ZIELE IN DER UMGEBUNG

BUJE **[122 B5]**

Gut 10 km östlich von Umag liegt das mittelalterliche Städtchen Buje (3500 Ew.) auf einem sanften Hügel. Die *Pfarrkirche Sveti Servolo* wurde am Hauptplatz im 16. Jh. auf die Reste eines römischen Tempels gebaut. Typisch ist die bäuerliche Architektur der umliegenden alten Häuser: Die Wohnräume befinden sich in den oberen Geschossen, die Ställe zu ebener Erde und darunter Kellerräume, in denen der Wein von den Rebfeldern der Umgebung lagert. Die *Weinstraße um Buje* führt zu einigen der Winzerhöfe im Umland.

Typisch istrisches Ambiente und Kulinarisches aus eigener Produktion erwartet Sie in der stilvollen Unterkunft *La Parenzana (10 Zi. | Volpia 3 | Tel. 052/77 74 60 | www.parenzana.* Insider Tipp *com.hr* | *€€)* 2 km außerhalb von Buje, zu der auch ein empfehlenswertes Restaurant gehört.

KAP SAVUDRIJA [122 A4]

Kap Savudrija knapp 10 km nördlich ist die westlichste Spitze Kroatiens mit einem markanten, alten *Leuchtturm* (1826). Dieses früher ziemlich raue Stückchen Land ist einer neuen Hotelanlage der Superlative gewichen, die noch 2009 eröffnen soll und modernsten Komfort mit Ästhetik, einem herrlichen Meerblick, Golfplatz und Spa vereint: das *Kempinski Hotel Adriatic (186 Zi. | Alberi 300 | Tel. 052/7085 31 | Fax 052/70 85 32 | www.kempinski-adriatic.com | €€€).*

MOMJAN [122 B4]

Gut 15 km nordöstlich von Umag bietet das 300 m über dem Meer nahe der slowenischen Grenze gelegene Dorf nicht nur einen schönen Blick über die Bucht von Piran: Bei klarem Wetter sehen Sie sogar die Gipfel der slowenischen Alpen. Außerdem wird hier auf den Winzerhöfen manch guter Tropfen gekeltert, beispielsweise bei *Familie Kozlović (Valle 78 | Tel. 052/77 91 77)* ein bemerkenswerter Malvazija. In den sechs einfachen Apartments auf dem *Winzerhof der Familie Sinković (Sveti Mauro 157 | Tel. 052/77 90 33 | www.sinkovic.hr | €)* können Sie sogar Ferien machen und zum Frühstück köstliche hausgemachte Marmelade probieren.

VRSAR UND FUNTANA

[126 A2] **Die beiden ehemaligen Fischerdörfer Vrsar (2700 Ew.) und Funtana (800 Ew.) haben sich zu einem wichtigen Ferienzentrum entwickelt.** Doch ihre historischen Ortskerne mit den kleinen Gassen verströmen noch heute viel ursprüngliches Flair.

Malerisches Hafenstädtchen Vrsar – auch Giacomo Casanova war schon hier

SEHENSWERTES

ALTSTADT VSRAR

Der strahlend weiße Turm der *Pfarrkirche des hl. Martin* auf dem Hügel über der Altstadt ist seit 1990 das Wahrzeichen von Vrsar. Nebenan liegt das leider völlig verfallene *Kastell Vergotini*, einst Sommersitz der Bischöfe von Poreč. Den Hügel ein paar Schritte abwärts kommt man an das kleine romanische *Stadttor* aus istrischem Eichenholz und an die *Kapelle Sveta Foška*, in der das *Heiligenhausmuseum* mit einer Sammlung sakraler Exponate untergebracht ist. Das wichtigste und wohl auch schönste Kulturdenkmal der Stadt ist die romanische *Marienkirche* aus dem 13. Jh. auf der rechten Seite der Hafenbucht. Von hier pendeln die Taxiboote zu den 18 unbewohnten Inseln vor der Küste zwischen den Orten Vrsar und dem 3 km entfernten Funtana.

ESSEN & TRINKEN

GOSTIONICA MORE

Die Männer der Familie fahren noch selbst zum Fischen auf das Meer. *Ulica Antice Gasparini 3 | Tel. 052/ 44 51 03 | €*

TROŠT

Spezialität ist Fisch aus der Peka, einer Eisenpfanne, in der das Meeresgetier mit Gemüse und Kartoffeln geschmackschonend gart. *Obala M. Tita 1a | Tel. 052/44 51 97 | €€*

ÜBERNACHTEN

Alle größeren Hotelanlagen um Vrsar gehören zum Unternehmen *Maistra* und können unter *www.maistra.hr* gebucht werden.

NATURIST PARK KOVERSADA

Das FKK-Zentrum am Ende der Limski-Bucht mit Campinggelände, Apartments, Sportanlagen, einem Supermarkt und Restaurants erfreut sich großer Beliebtheit. *Tel. 052/44 11 71 | www.maistra.hr*

PINETA

Auf einem bewaldeten Hügel, nur 500 m vom Ortszentrum entfernt, präsentiert sich das moderne Ferienhotel mit renovierten, schönen Zimmern. *99 Zi. | Tel./Fax 052/63 75 00 | www.maistra.hr | €€*

FREIZEIT & SPORT

Ein großes Angebot findet man am Strand der Anlage *Belvedere* mit Kajakverleih, Windsurfing und Cocktailbar.

AUSKUNFT

TOURISMUSVERBAND FUNTANA

Bernarda Borisija 2 | Tel. 052/ 44 51 19 | Fax 44 51 24 | www.funtana.com

TOURISMUSVERBAND VRSAR

R. Končara 46 | Tel. 052/44 17 46 | Fax 44 11 87 | www.istra.com/vrsar

ZIEL IN DER UMGEBUNG

LIMSKI-BUCHT (LIMSKI KANAL) [126 A2]

Die schmale, fjordartige Bucht zieht sich gleich südlich von Vrsar 10 km weit, von bewaldeten Hängen begleitet, ins Binnenland. Wegen des geringen Salzgehalts und hoher Sauerstoffkonzentration werden hier Austern und Muscheln gezüchtet, die im Restaurant *Viking (Tel. 052/44 82 23 | €€)* am Ende der Bucht auch die Favoriten auf der Speisekarte sind.

> NOBLESSE UND NOSTALGIE

In Opatija und Umgebung kurte schon vor 120 Jahren die k. u. k. Hautevolee

> Schützende Gebirgszüge umrahmen die gesamte Kvarner-Bucht. Von Nordwesten nach Südosten bescheren die Hänge von Učka, Ćićarija, Kapela und Velebit der Bucht das milde, mediterrane Klima (13,8 Grad Jahresdurchschnitt), in dem Palmen und Lorbeerbäume, Agaven, Kiwis und Zitronen prächtig gedeihen.

Die Region wurde im Mittelalter vom kroatischen Fürstengeschlecht der Frankopanen beherrscht. Ihre Hinterlassenschaften – Kastelle, Paläste und Türme – sind die wichtigsten historischen Sehenswürdigkeiten der Gegend. Kurz nachdem die Wiener Südbahn 1873 ihre Strecke Wien–Triest um eine Nebenlinie bis Rijeka erweitert hatte, wurden von den Österreichern die ersten Hotels in Opatija gebaut. Etwa zur gleichen Zeit finanzierten Ungarn und Tschechen elegante Domizile in Crikvenica; Kraljevica und Novi Vinodolski schlossen sich an. Vor allem als heil-

Bild: Opatija Riviera

klimatische Winterkurorte wetteiferten Opatija und Crikvenica schon bald erfolgreich um die Gunst der höheren Gesellschaft, von Aristokratie und Geldadel bis zu Kaisern und Königen. Ein Hauch dieser alten, mondänen Welt haftet bis heute an den prächtigen Belle-Époque-Villen und herrlichen Parkanlagen, die nach und nach restauriert und zum Teil in luxuriöse Vier- und Fünf-Sterne-Herbergen umgewandelt wurden.

KÜSTE KVARNER

CRIKVENICA

[125 D4] **2 km lang ist der gelbe Sandstrand, der in seichtes Wasser abfällt. An mehreren Stellen sind ▶▶ Beachvolleyballplätze eingerichtet, dahinter verläuft der von Pinien gesäumte Promenadenweg mit zahlreichen Läden und Restaurants.** Crikvenica (11 000 Ew.) mit seinen Ortsteilen *Selce* und *Dramalj* lebt ganzjährig vom Tourismus. Bis vor 120 Jahren siedelten nur ein paar Fi-

CRIKVENICA

Hoch leben die Maronen! Im Oktober trifft man sich in Lovran zum Esskastanienfest

scherfamilien neben der *Kirche* und dem *Kastell* an der Mündung des Bachs Dubračina. Dieses Kirchlein, im Dialekt „crikva", gab dem Städtchen seinen Namen. An die Kirchenmauer bauten die Frankopanen im 15. Jh. ein Kastell, das heute als Hotel fungiert. 1906 wurde Crikvenica zum Heil- und Seebad erklärt, und das Hotel Therapia avancierte zur Nobelherberge gekrönter Häupter.

ESSEN & TRINKEN

BURIN

Nettes, kleines Bistro mit maritimen Symbolfiguren aus Gips an den Wänden. Spezialität: *Risotto Crikvenica* mit *calamari. Ulica dr. Ivana Kostrenčića 10 a | Tel. 051/78 52 09* | €€

KONOBA SV. JAKOV

Neben vielen anderen Fischgerichten werden hier aromatisch gegrillte Sardinen serviert. *Jadranovo, Lukca 9g | Tel. 051/24 70 97* | €€

MOSLAVINA

Auf einheimische Art zubereitete Meeresspezialitäten wie Scampi am Rost. *Ulica Braće dr. Sobol 13 | Tel. 051/78 54 12* | €€

ÜBERNACHTEN

PALACE HOTEL THERAPIA

Die 1895 erbaute Grande Dame der Hotellerie in leuchtendem k. u. k. Gelb wurde renoviert und auf modernsten Stand gebracht – mit Innen- und Außenpool, Wellnesscenter und einem üppigen Park. *90 Zi., 19 App. | Braće Bochoffer 12 | Crikvenica | Tel. 051/20 97 00 | Fax 78 50 72 | www.therapia.hr* | €€€

SELCE

Das moderne Mittelklassehotel liegt direkt an der Uferpromenade von Selce und nur wenige Schritte vom Strandbad entfernt. *92 Zi. | Šetalište Ivana Jeličića 14 | 51266 Selce | Tel. 051/76 82 22 | Fax 76 82 23 | www.hotel-selce.com* | €€

AM ABEND

Der *Trg Stjepana Radića* mit Bistros, Kneipen und der Disko *Phoenix* im *International* ist stets ein beliebter Treffpunkt.

> www.marcopolo.de/kroatienkueste-ik

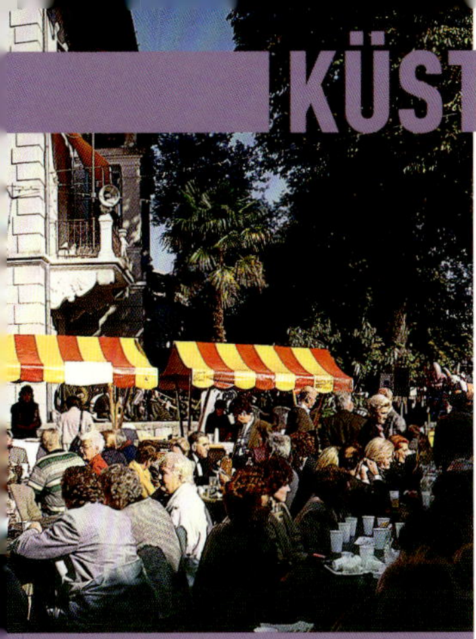

SABBIA
Die kühl-elegante Lounge-Bar ist tagsüber ein Strandcafé, abends ein exquisites Restaurant und nachts ein von DJs beschallter Szene-Hotspot. *Tina Njevića 22/3 | €€*

AUSKUNFT

TOURISMUSVERBAND CRIKVENICA
Trg Stjepana Radića 1 | Tel. 051/24 10 51 | Fax 24 18 67 | www.tzg-crikvenice.com

ZIEL IN DER UMGEBUNG

Insider Tipp

FUŽINE [125 D3]
Wegen der panierten Frösche, Spezialität der Gegend, kommt manch Gast ins *Restoran Bitoraj (Sveti Kriz 1 | Tel. 051/83 50 19 | €)* nach Fužine 25 km nördlich von Crikvenica. Man kann sich aber auch an delikate Wildschnitzel oder Bärenschinken, Forelle oder Waldbeerenkuchen halten und danach in einem der freundlichen Gästezimmer übernachten *(20 Zi. | €€)*.

LOVRAN

[124 A3] **Gemeinsam mit Kastanien und Kiefern begrünen üppige Lorbeerbäume die Stadt (3500 Ew.) und ihre Umgebung bis hoch hinauf auf die Hänge des Učka-Massivs – Lovran heißt auf Deutsch Lorbeer.** Mücken meiden den Lorbeer. Überall, wo die Blätter ihren würzigen Duft verbreiten, ist man vor den Plagegeistern sicher.

SEHENSWERTES

ALTSTADT
Rund um die engen, schattigen Gassen der Altstadt sind noch Reste der Stadtmauer erhalten. Durch das *Stadttor* kommt man auf den Hauptplatz mit der von Fresken geschmückten romanischen *Pfarrkirche.* Die gegenüberliegenden Hausfassaden zieren prächtige barocke

MARCO POLO HIGHLIGHTS

★ **Mošćenice**
Der Ort hängt wie ein Adlerhorst hoch über dem Meer
(Seite 69)

★ **Nehaj**
Die gut erhaltene Festung der geliebten und gefürchteten Uskoken
(Seite 71)

★ **Opatija**
Hier promenierte und kurte die Hautevolee schon vor 100 Jahren
(Seite 72)

★ **Gorski Kotar**
Rauschende Wälder und glasklare Flüsse im Nationalpark Risnjak
(Seite 75)

Portale und kunstvolle Fensterrahmungen.

ESSEN & TRINKEN

DELFINO

Diese Pizzeria mit einer romantischen Gartenterrasse liegt in einer kleinen Seitenstraße. Hier gibt es Pizza, Pasta und leckere Gnocchi. *26. Divizije br. 4 | Tel. 051/29 32 93 | €*

LOVRANSKA VRATA

In der romantischen Atmosphäre des alten Stadtplatzes genießen die Gäste eine gute, teils von dalmatinischen Gerichten inspirierte Küche. *Stari grad 9 | Tel. 051/29 10 50 | €€*

ÜBERNACHTEN

BRISTOL

Das Haus im Stil der Belle Époque ist von Grünanlagen umgeben und liegt direkt am Meer. *101 Zi. | Maršala Tita 27 | Tel. 051/29 10 22 | Fax 29 20 49 | www.liburnia.hr | €€*

> LOW BUDGET

- Preiswert essen: Opatijas Restaurants sind teures Pflaster; preiswerte Snacks gibt's aber auch, z. B. am *Stubište Tomaševac 55*, wo köstlicher *burek* verkauft wird. Und Selfservice im Retro-Look ist in Rijekas Studentenlokal *Ri (Riva 6)* angesagt.
- Rijeka-Card: Mit der Rijeka-Card können Sie in Rijeka kostenlos die öffentlichen Verkehrsmittel benutzen und bekommen Ermäßigungen in Restaurants, Läden und Museen; sie gilt 48 Stunden und kostet 55 Kuna *(erhältlich bei der Touristeninfo)*.

DRAGA DI LOVRANA

Das kleine Hotel-Restaurant liegt 400 m hoch über Lovran am Hang der Učka mit herrlicher Fernsicht. Im Restaurant *(Mo geschl.)* werden Spezialitäten aus dem istrischen Hinterland und fangfrischer Fisch aus der Adria köstlich zubereitet. *4 Zi., 1 App. | Lovranska Draga 1 | Tel. 051/29 41 66 | Fax 29 18 26 | www.dragadilovrana.hr | €€*

VILLA ASTRA/LOVRANSKE VILE

Insider Tipp

Die liebevoll restaurierte Jugendstilvilla Astra liegt in einem alten Park am Meer und verwöhnt ihre Gäste mit elegant möblierten Zimmern, einem kleinen Pool und Wellnessbereich sowie der delikaten Küche von Boris Mihovilić, der Istrisches mit Internationalem vermahlt. Wer's individueller mag, kann eine luxuriöse Wohnung in einer der anderen Villen des Unternehmens mieten. *6 Zi. | V. C. Emina 11 | Tel. 051/29 46 04 | Fax 29 45 89 | www.lovranske-vile.com | €€€*

AUSKUNFT

TOURISMUSVERBAND LOVRAN

Maršala Tita 63 | Tel. 051/29 17 40 | Fax 29 43 87 | www.tz-lovran.hr

ZIELE IN DER UMGEBUNG

IČIĆI [124 A3]

Vom Meer bis hinauf zu den Hängen des Učka-Gebirges erstreckt sich der Ort, in dem Badeurlauber wie Wanderer gleichermaßen auf ihre Kosten kommen. Der steile Aufstieg zum Učka-Gipfel *Vojak* (1401 m) wird mit einem herrlichen Blick über Meer und Inseln belohnt. Wer nicht wandern möchte, kann auf einer en-

Am Fuß des Učka-Gebirges liegt die Kiesbucht von Mošćenička Draga

gen Serpentinenstraße fast bis zum Gipfel fahren.

MEDVEJA [124 A3]

Die beiden schönen Badebuchten 3 km südlich mit ihren Kiesstränden sind von einem üppigen Pinienwald gesäumt. Dahinter liegt der *Campingplatz von Medveja (Tel. 051/29 11 91)*, der lebhaften Zeiten entgegensieht, denn das neu eröffnete ▶▶ *Medveja Hemingway Beach Resort* am Strand sorgt im Sommer nachts für Partystimmung.

MOŠĆENIČKA DRAGA [124 A3]

Hinter den Kulissen des pittoresken Fischerortes (500 Ew.) 7 km südlich am Fuß der grünen Steilhänge des Učka-Gebirges beherbergen zwei Hotels, Villen und der Campingplatz ihre Stammgäste, die es immer wieder an die Kiesbucht mit dem freundlichen Ambiente zieht. Oberhalb davon, auf 180 m, thront wie ein Adlerhorst das viel ältere Städtchen ★ *Mošćenice*, schon wegen der schönen Aussicht von der Terrasse des *Restaurants Perun (Tel. 051/73 75 15 | €)* ein lohnendes Ziel. Wer den schattigen Weg über die 745 Stufen scheut, nimmt die Straße.

Zum *Ethnografischen Museum (Di–So 9–12, 17–21 Uhr)* neben dem Stadttor gehört die 400 Jahre alte Olivenölpresse *(toš)*, in der bis noch vor 20 Jahren gearbeitet wurde. (Auskunft: *Aleja Slatina | Tel./Fax 051/27 41 14 | www.moscenicka-draga.hr)*. Anlaufstation für Taucher ist ▶▶ *Diving NB (Kraj 18 | Tel. 051/73 72 95 | www.diving-nb.com)*.

NOVI VINODOLSKI

[125 E4] **Vor 100 Jahren kamen die ersten Feriengäste nach Novi Vinodolski (5000 Ew.). Inzwischen ist hier eine breite touristische Infrastruktur aus Hotels, Privatquartieren, Camping, Gastronomie und Unterhaltung entstanden.** Mehrere Tausend Narren aus ganz Europa treffen sich hier jedes Jahr im Juli zum Insider Tipp großen Sommerkarneval.

SEHENSWERTES

ALTSTADT

Dicht gedrängt ziehen sich die Häuser der Altstadt den Hügel empor. Über ihren roten Dächern erhebt sich der 36 m hohe, schneeweiße Glockenturm der *Kirche Sveti Filip i Jakov* neben dem Hauptplatz. Der quadratische Turm gegenüber (im zweiten Stock das *Volksmuseum | Sommer Mo–Fr 9–12, 19–21, Winter Mo–Fr 9–12 Uhr | 15 Kuna*) ist ein erhalten gebliebener Teil des alten *Frankopanenkastells,* einst der Mittelpunkt des Fürstentums Vinodol.

Hier wurde 1288 das „Vinodoler Gesetzbuch" verabschiedet, das älteste mitteleuropäische Dokument dieser Art. Es legt den Rechtsrahmen zwischen Feudalherren und Bauern fest. Eine Kopie des 28 Seiten langen Dokuments in glagolitischer Schrift ist im Museum ausgestellt. Das Original jedoch wird in Zagreb verwahrt.

ESSEN & TRINKEN

LUCIJA

Diese rustikale *konoba* im Zentrum von Novi Vinodolski überrascht mit traditionellen, sonst nur selten zu findenden Gerichten, etwa Risotto mit Fenchel und Scampi. *Vinodolska 6 | Tel. 051/24 57 55 | €€*

LUKA'S

Von der Gartenterrasse blickt man über das Meer auf die Insel Krk. Spezialität: in Malvazija-Wein gedünsteter Seefisch. *Obala P. Krešimira IV. 16 | Tel. 051/79 10 01 | €€–€€€*

KONOBA STUDEC

In der idyllisch im Weingarten gelegenen Konoba gibt's natürlich hauseigenen Wein, dazu Lamm aus der Peka oder gegrillte Sardinen. *Pavlomir bb, Bribir | Tel. 051/24 88 88 | €€*

> BLOGS & PODCASTS

Gute Tagebücher und Files im Internet

- *www.croatia-blog.net* – Blogs und Podcasts rund ums Reisen in Kroatien, viele Erfahrungsberichte, praktische Reisetipps, aber auch Foren zu Politik, Wirtschaft und Sport
- *http://istrien.blogspot.com* – Blog mit Beiträgen zu Landschaft, Kultur, Sehenswürdigkeiten etc.
- *http://kroatien-blog.kroatien-tipps.de* – Beiträge zu Istrien und Kvarner, von Politik über Kulinarik bis Campingplatzbewertungen
- *www.istrien.info/forum* – Die Info-Börse für Istrien und Kvarner, wo Sie sogar erfahren, welches Internet-Café nahe Ihrem Campingplatz liegt
- *www.find.croatia.com* – Englischsprachiger Blog zu Reise, Kultur und Politik
- *http://de.wordpress.com/tag/* – Blogs aus verschiedenen kroatischen Regionen; je nach Interesse nach dem letzten Slash einen Ortsnamen, z. B. Rijeka, eingeben

Für den Inhalt der Blogs & Podcasts übernimmt die MARCO POLO Redaktion keine Verantwortung.

Novi Vinodolski zählt zu den bedeutendsten Feriendomizilen an Kvarners Küste

ÜBERNACHTEN

LIŠANJ

Der alte Teil des Zweisternehotels direkt am Sandstrand ist über 100 Jahre alt, der Anbau stammt noch aus sozialistischen Zeiten. Eine empfehlenswerte Adresse für preiswerten Familienurlaub. *140 Zi. | Lišanjska 1 | Tel. 051/66 56 00 | Fax 24 43 29 | www.lisanj.com | €*

NOVI

Renovierte Hotelzimmer und komfortable Apartments, sportliche Aktivitäten sowie Kinderanimation erwarten Urlauber in dieser Ferienanlage etwa 1,5 km außerhalb. *130 Zi., 336 App. | Zagori | Tel. 051/25 38 00 | Fax 25 37 91 | www.novi.hr | €€€*

FREIZEIT & SPORT

Im Sommer ist der Sandstrand mit Spiel- und Wassersportgeräten der beliebteste Platz. Radfahrer wählen Novi Vinodolski gern als Ausgangspunkt für Touren ins hügelige Hinterland *Gorski Kotar*. Broschüren mit Tourenvorschlägen erhalten Sie beim Tourismusverband.

AUSKUNFT

Tourismusverband | Kralja Tomislava 6 | Tel./Fax 051/24 43 06 | www.tz-novi-vinodolski.hr

ZIELE IN DER UMGEBUNG

KLENOVICA [125 E5]

Etwa 5 km südöstlich von Novi Vinodolski liegt das Fischerdorf Klenovica mit kleinem Strand. Gemischter Fisch vom Rost wird direkt am Hafen in der *Konoba Pod Orajom (Ribarska obala 11 | Tel. 051/79 61 44 | €–€€)* serviert.

SENJ [125 E6]

Spätestens am frühen Vormittag sind die Tische der Cafés und Buffets vor dem Hafen, am *Trg oslobodjenja*, dem Platz der Freiheit, meist von einheimischen Männern besetzt. Auf einer Anhöhe neben der gut 20 km südöstlich gelegenen Stadt steht die vollständig erhaltene Uskokenfestung ★ *Nehaj* („Fürchte nichts") aus dem 16. Jh. Die Uskoken, Kroaten und Serben, die sich allesamt zur katholischen Kirche bekannten, waren vor den Osmanen aus ihrer Heimat geflüchtet und unternahmen von Nehaj aus immer wieder Einfälle in das besetzte Gebiet. Alte Schriftstücke, Kanonen und Kleidung der Uskoken werden in der restaurierten *Festung Nehaj,* dem Wahrzeichen von Senj, verwahrt *(tgl. 10–18 Uhr | 15 Kuna).* atmen, die von der Brandung gegen die Felsküste hochgewirbelt werden. 1889 wurde Opatija „Klimatisches Heilbad", das erste Heilbad an der Adria.

Festung Nehaj in Senj: Trutzburg edelmütiger Helden oder Räubernest verwegener Piraten?

OPATIJA

[124 A2] ★ **Nichts geht über einen Spaziergang auf der 12 km langen Uferpromenade von Opatija (12000 Ew.).** Das Flair der Belle Époque genießen die Einheimischen der Umgebung an den Sommerwochenenden zu Tausenden. Um die Jahrhundertwende war der liebliche Ort als internationaler Kurtreff allein der elitären Gesellschaft des Adels und der Hochfinanz vorbehalten. Schon damals promenierten sie auf dem *lungomare* bis nach Lovran, um die feinen, heilsamen Salzpartikel zu

SEHENSWERTES

VILLA ANGIOLINA

Die Villa, von Kaufmann Iginio Scarpa aus Rijeka 1844 als Feriendomizil gebaut, gilt als die Urzelle des Tourismus in Opatija und beherbergt nun das *Kroatische Tourismusmuseum (Di–So 10–18 Uhr | Eintritt frei).* Erzherzog Ferdinand und Gemahlin, Kaiserliche Hoheit Maria Anna, überzeugten sich 1860 selbst vom günstigen Klima in Opatija. Das neoklassizistische Gebäude ist von einem schönen Park *(Juni–Sept. 10–21 Uhr)* mit mediterranen und subtropischen Gewächsen umgeben. *Im Park 1. Maja*

ESSEN & TRINKEN

ISTRANKA

Insider Tipp

Rustikal eingerichtetes Gasthaus in einer der hinteren Gassen von Opatija. Traditionelle Küche zu günstigen Preisen lockt vor allem mittags zahlreiche einheimische Gäste. *B. Milanovića 2 | Tel. 051/27 18 35 | €*

LAURUS

Gourmetadresse in der neu erbauten *Villa Kapetanović* oberhalb des Meers mit weitem Blick in die Kvarner-Bucht. *Nova cesta 12 a | Tel. 051/74 13 55 | €€€*

TRAMERKA

Preiswerter Fisch, eine urige Konoba-Atmosphäre und viele Einheimische prägen diese Altstadtkneipe. *Andrije Mohorovičića 15, Volosko | Tel. 051/70 17 07 | €–€€*

ÜBERNACHTEN

DESIGN HOTEL ASTORIA

Eine gelungene Kombination von k.u.k. Nostalgie und modernem Design. Auch technisch sind die Zimmer mit Flatscreen und Internetzugang auf dem neuesten Stand. *50 Zi. | Ul. Maršala Tita 174 | Tel. 051/70 63 50 | Fax 70 63 51 | www.hotel-astoria.hr | €€*

MIRAMAR

Elegante Hotelanlage mit großzügig angelegtem Wellnessbereich unter österreichischer Leitung (entspannend Behandlungen mit Olivenöl und Meersalz). In der Küche verschmelzen österreichische und istrische Traditionen. *104 Zi. | Ive Kaline 11 | Tel. 051/28 00 00 | Fax 28 00 28 | www.hotel-miramar.info | €€€*

VILLA VRANJEŠ

Terrassenförmig angelegtes Privathotel oberhalb des Ortes. Gute Küche, Pool und Tennisplatz. *20 Zi. | Antuna Mikića | Tel. 051/71 15 40 | Fax 27 21 30 | www.villavranjes.hr | €€*

FREIZEIT & SPORT

Am *Slatina-Strand* direkt neben der Promenade finden Sie Sonnenschirme, Trampolin, Paddelboote, Rutschen und ein Restaurant. Ein paar Schritte die Promenade nach Osten am *Lido Beach* lassen um die stylishe ▶▶ *Lounge Bar Tantra* edle Liegen, Korbsessel, aufgeschütteter Sand und sanfte Sounds karibische Gefühle aufkommen.

AM ABEND

Freilichtbühne und Freilichtkino im Sommer im Park der *Villa Angiolina*. Szenetreff ist ▶▶ *Monokini* an der *Obala Maršala Tita 96*. Ein Stück weiter beschallt die *Disco Seven* die Opatijer Sommernächte mit Elektrobeats *(Maršala Tita 125)*.

AUSKUNFT

TOURISMUSVERBAND OPATIJA

– *Vladimira Nazora 3 | Tel. 051/27 13 10 | Fax 71 22 90 | www.opatija-tourism.hr*

– *ACI Marina und Hotel Adriatic (Maršala Tita 200)*

ZIEL IN DER UMGEBUNG

KASTAV [124 A2]

Bei Matulji ca. 3 km Richtung Norden zweigt die Straße nach Kastav ab. Der mittelalterliche Ort (900 Ew.), von alten Festungsmauern umgeben, liegt auf einem steilen Hügel. Durch enge, winklige Gassen kommt man vom Stadttor zum *Lokvine-Platz*. Vom ✲ Vorplatz der *Barockkirche Sveta Jelena* haben Sie einen wunderschönen Ausblick übers Wasser zu den Inseln Krk und Cres.

Die Gourmetadresse der Kvarner-Bucht ist das *Kukuriku (Kastav 120 | Tel. 051/69 14 17 | €€€)*, weithin bekannt für seine Spitzenweine und als Anhänger der Slow-Food-Philosophie, der schonenden Zubereitung heimischer Produkte.

RIJEKA

KARTE IN DER HINTEREN UMSCHLAGKLAPPE

[124 B2] **Großstädtische Atmosphäre kennzeichnet das geschäftige Rijeka (140 000 Ew.) schon aufgrund seines internationalen Hafens, vieler Reedereiagenturen, Banken, Läden und Kaufhäuser.** Bereits die Römer unterhielten hier einen Militärstützpunkt, auf dessen Mauern die eingewanderten Kroaten im 8. Jh. die *Festung Trsat* bauten.

SEHENSWERTES

ALTSTADT

Etwa in der Mitte des autofreien *Korzo* steht links der *Uhrturm*. Durch dessen Tor erreichen Sie das *Alte Rathaus* (16. Jh.), das die Gasse *Užarska* mit der *Kathedrale Mariä Himmelfahrt* (13. Jh., später barockisiert) verbindet. Mit gelben Schildern sind alle Attrakttionen als Rundgang markiert *(Plan bei Touristinformation)*. Von der *Riječinabrücke* führen 561 Stufen, ein alter ✲ Pilgerweg mit Blick über Rijeka, zur Wallfahrtskirche *Sveta Marija* und zur *Festung Trsat*.

MARKTHALLEN

An der Südseite des Hafens liegen die schönen alten Markthallen. Bis zum Mittag wird in den umliegenden Straßen Obst und Gemüse verkauft.

ESSEN & TRINKEN

MUNICIPIUM

Edle kroatische Küche mit Pfiff lassen sich in diesem eleganten Restau-

Szenekneipe direkt am Stadthafen: die Opium Buddha Bar in Rijeka

rant vor allem Geschäftsleute schmecken. *Trg Riječke Rezolucije 5 | Tel. 051/21 30 00* | €€

Insider Tipp

NA KANTUNU ▶▶
Das Lokal liegt im Hafenbereich, das Ambiente ist also nicht unbedingt einladend, aber der Fisch konkurrenzlos frisch und preisgünstig. Das schätzen auch die vielen Mittagsgäste. *Demetrova 2 | Tel. 051/31 32 71* | €–€€

ÜBERNACHTEN

GRAND HOTEL BONAVIA
Das komfortable Hotel liegt günstig im Zentrum nur wenige Gehminuten vom *Korzo* und vom Hafen entfernt. *121 Zi. | Dolac 4 | Tel. 051/ 35 71 00 | Fax 33 59 69 | www.bonavia.hr* | €€€

JUGENDHERBERGE/OMLADINSKI HOSTEL
Funkelnagelneu, schick möbliert und das Ganze in einer nostalgischen Villa am südlichen Stadtrand gelegen. *61 Schlafplätze | Šetalište XIII divizije 23 | Tel. 051/40 64 20 | www.hfhs.hr* | €

AM ABEND

Die Szene trifft sich in der ▶▶ *Opium Buddha Bar (Riva 14)*, im ▶▶ *River Pup (Frane Supila 12)* oder im ▶▶ *Dva Lava (Ante Stračevića 8)*. Zu den schicksten Locations östlich der Adria zählt ohne Zweifel die ▶▶ *Indigo Lounge (Stara Vrata 3)* mit Edelrestaurant bis 23 Uhr und Weekend-Clubbing bis in den frühen Morgen.

AUSKUNFT

– *Užarska 14 | Tel. 051/21 31 45 | Fax 33 39 09 | www.tz-rijeka.hr*
– *HT Mobile Shop (Korzo 32), Vrata Jadrana (Kvarner Info Point, Cikovivici)*

ZIEL IN DER UMGEBUNG

GORSKI KOTAR ★ **[124–125 B–D1]**
Keine Autostunde von Rijeka in Richtung Zagreb bestimmen bewaldete Berghänge, grüne Talauen, durch die kristallklare Bäche plätschern, und kleine Dörfer, in denen die Dächer der Häuser mit Holzschindeln gedeckt sind, das Bild. Herzstück dieser bisher vom Tourismus kaum entdeckten Ferienregion ist der *Nationalpark Risnjak,* in dem Braunbären, Wölfe, Luchse sowie unzählige Dachse und Füchse leben.

Besonders schöne Wanderziele sind der *Risnjak* (1528 m), höchster Berggipfel im *Gorski Kotar,* und die Quelle der Kupa. Zur geheimnisvoll türkisblau schimmernden Karstquelle der fischreichen Kupa wandern Sie vom Dorf Razloge in einer knappen Stunde.

Insider Tipp

Etwa drei Stunden geht man vom *Nationalparkhaus (Tel. 051/83 62 46)* in *Bijela Vodica* (690 m) bei *Crni Lug* bis zum Gipfel des *Risnjak,* der Ihnen die gesamte Kvarner-Region vor Augen führt. Bis zur Berghütte (1448 m) ist dies ein langsam ansteigender Wanderweg. Zum Gipfel führt dann ein steiler Pfad durch wuchtiges Felsgestein. Interessant ist der 4,5 km lange Lehrpfad *Leska,* der am Parkeingang beginnt und mit Schautafeln über die Natur der Region informiert.

Eine Unterkunft und gute regionale Küche (Wildgerichte) finden Sie im *Motel Risnjak (7 Zi. | neben dem Nationalparkhaus | Tel. 051/83 62 46 | Fax 83 61 16 | €)*.

> JUWELEN ZWISCHEN NORDPOL UND ÄQUATOR

Rummel und Romantik, Ausblicke in die Natur und Einblicke in die Vergangenheit

> Vom Festland der Ostküste Istriens oder der Kvarner-Bucht aus in Augenschein genommen, zeigen sich Cres, Lošinj, Krk und Rab dem Betrachter allesamt von ihrer spröden Seite.

Unnahbar, wie Schutzschilde, die aus der blauen Adria erwachsen, sind nackte, bizarre Felsenklippen, Steinwüsten und mit grüner Macchia dicht bewachsene, karstige Hänge gegen den Kontinent gekehrt. Das Salz, die Winterstürme der Bora und die sengende Sommersonne haben dieses unwirtliche Antlitz geschaffen. Wer jedoch den Schritt über das Wasser wagt, den wird jede dieser kleinen Inselwelten am 45. Breitengrad, genau in der Mitte zwischen Nordpol und Äquator, auf ihre eigene, unverwechselbare Art belohnen.

Das herbe, raue Cres und das heitere, grüne Lošinj sind fast gegensätzlich anmutende Schwestern, die sich fest an der Hand halten. Ge-

Bild: „Plateau des Mondes" auf Krk

INSELN KVARNER

meinsam sind sie knapp 100 km lang und an manchen Stellen kaum mehr als 2 km breit. Ursprünglich waren sie eine einzige Insel, in der Antike *Apsyrtides* genannt. Aus der Römerzeit stammt der nur 6 m breite und 3 m tiefe Kanal zwischen den beiden Inseln bei Osor, den eine Drehbrücke überspannt.

Krk ist mit einer Fläche von 410 km^2 die größte Insel in der Adria und seit 1980 über die 1300 m lange *Krčki most* (Krk-Brücke, früher Tito-Brücke) mit dem Kontinent fest verbunden.

Rab schließlich, die südlichste der vier großen in der Kvarner-Bucht gelegenen Inseln, sehr grün und besonders sonnenverwöhnt, erstreckt sich auf 22 km Länge in Nordsüdrichtung und bis zu 10 km Breite in Ostwestrichtung. Die 9600 Bewohner leben fast ausschließlich vom Tourismus.

Beli: klares Wasser am Kiesstrand

CRES

[128 A–B 1–4] Wo der Gänsegeier aus schroffen, grauen Felswänden seinen Nachwuchs in das freie Revier entlässt, wo genügsame Schafe sich an spärlich aus der Steinwüste sprießenden Kräutern laben, wo sich vom Wind gepeitschte, knorrige Olivenbäume und niedrige Rebstöcke neigen, da muss der Mensch sein Auskommen als Fischer oder Bauer der Natur schwer abringen – oder er verlässt den ungemütlichen Ort. Ganze Dörfer sind auf Cres verödet. In anderen leben nur noch vereinzelt alte Leute, deren mühselig erbaute Häuser langsam verfallen. Wer aber als Urlauber einmal den Zugang zu dieser beschiedenen Insel und ihren freundlichen Bewohnern gefunden hat, der bleibt ihr lange treu.

In den Wäldern im Norden breiten sich Eichen, Buchen und Kastanien aus. Zum Süden hin findet man eine mediterrane Flora mit immergrünen Gewächsen wie Steineichen oder Pinien. In der Steinlandschaft umschwärmen Bienen und Schmetterlinge die duftenden Salbeisträucher.

Ein Naturwunder, das der Wissenschaft bis heute Rätsel aufgibt, ist der von unterirdischen Quellen gespeiste, 74,5 m tiefe Süßwassersee *Vransko jezero,* dessen tiefster Punkt 61 m unter dem Meeresspiegel liegt. Er versorgt Cres und Lošinj mit Trinkwasser und ist daher für Besucher gesperrt.

Wer das Naturerlebnis in der Abgeschiedenheit sucht, der sollte zu Fuß den alten Dorfverbindungswegen folgen, die einen oft zu verlassenen Plätzen mit halb verfallenen Häusern führen. Inzwischen sind einige dieser Pfade, z. B. um Beli und die Inselhauptstadt Cres, für Wanderer markiert. Auf Cres gibt es an die 60 einsam gelegene Kirchen und Kapellen, in denen Gläubige beten und meditieren können.

Cres ist bislang vom hochpreisigen Tourismus kaum berührt. Die meisten Gäste übernachten in Privatzimmern, Ferienappartements oder auf den Campingplätzen. Auch das kulinarische Angebot ist noch klein, kann dafür aber mit einer besonderen Spezialität aufwarten: Lamm aus der *Peka,* eine Eisenpfanne, in der das zarte, nach aromatischen Kräutern schmeckende Fleisch schonend gegart wird.

ORTE AUF CRES

BELI [124 A5]

Einsam thront der Ort (44 Ew.) auf einem Hügel, der zur Meerseite, zum kleinen Hafen und Strand *Podbeli,* 130 m steil abfällt. Steil, serpentinenreich und für Fahrzeuge mit Caravan keinesfalls geeignet ist auch die Zufahrtsstraße nach Beli. Von der mittelalterlichen Stadtmauer sind noch Reste erhalten, und wer durch die engen Gassen schlendert, entdeckt sogar glagolitische Inschriften an einigen Hauswänden und in der Pfarrkirche. Eine *Brücke* aus der Römerzeit befindet sich hinter dem einzigen Gasthaus am Ort, der *Gostionica Beli (Tel. 051/84 05 15 | €),* einer gemütlichen Dorfgaststätte mit frischen Meeresspezialitäten und einfachen Gästezimmern.

Im wissenschaftlich-ökologischen *Zentrum Caput Insulae* ist die ständige Ausstellung über Gänsegeier und die Artenvielfalt der Insel Cres ganzjährig geöffnet *(www.supovi.hr | Eintritt und Zugang zu den Wanderwegen 25 Kuna).* Mit ein bisschen Glück können Sie die imposanten Vögel mit einer Flügelspannweite bis zu 2,80 m am Himmel kreisen sehen.

Hier an der alten Schule von Beli beginnt auch der Ökolehrpfad ★ *Stanza Tramuntana I.* Der leichte Wanderweg von 7 km führt Sie durch Eichen- und Kastanienwälder zu alten Hirtensiedlungen und den Resten einer illyrischen Burganlage. Beli besitzt einen überaus hübsch gelegenen Kiesstrand, der selbst in der Hauptsaison nicht überlaufen ist. Auf dem kleinen und einfach ausgestatteten Campingplatz *Brajdi (50 Stellplätze | Tel. 051/84 05 32)* können Sie Ihr Zelt aufstellen und bei der örtlichen Tauchschule *Diving Base Beli (www.diving-beli.com)* einen Tauchkurs im glasklaren Wasser belegen.

Insider Tipp

MARCO POLO HIGHLIGHTS

★ **Stanza Tramuntana I**
Wandern auf Cres (Seite 79)

★ **Lubenice**
Uraltes Städtchen hoch über dem Meer mit herrlicher Aussicht (Seite 80)

★ **Osor**
Mediterrane Kulturgeschichte und moderne Kunst (Seite 81)

★ **Valun**
Schönster Ferienort auf Cres (Seite 82)

★ **Krk**
In engen Gassen schlummert die Vergangenheit (Seite 85)

★ **Klosterinsel Košljun**
Ein botanisches Paradiesgärtchen und zahlreiche alte Kulturschätze (Seite 87)

★ **Veli Lošinj**
Das winzige Hafenbecken ist ein Platz für Romantiker (Seite 90)

★ **Unije**
Inselchen für Naturfreunde und Individualisten (Seite 92)

★ **Rab**
Zwischen dem Hafen und den vier markanten Kirchen liegt die gute Stube der Insel (Seite 93)

CRES [128 B1]

Alte Paläste und Bürgerhäuser, venezianisch geprägt, enge Gassen und Tore – ein Bummel durch den alten Teil der Inselhauptstadt Cres (3000 Ew.) begeistert Romantiker. Im *Stadtmuseum* von Cres *(Juli/Aug. Di–So 10–12, 19–21 Uhr | 10 Kuna)* im *Palast Arsan* sind Amphoren aus dem 2. Jh. v. Chr. ausgestellt, außerdem Dekorationsfragmente und Inschriften aus der Antike. In den Cafés am Hafen treffen sich die Einheimischen zur Espressopause. Vor der Loggia verkaufen die Bauern täglich bis zum Mittag frisches Obst und Gemüse. Getrocknete Feigen, Salbeihonig und Olivenöl sind die besonderen Spezialitäten der Insel. Zur Mittagsrast in den schattigen Gassen locken die karierten Tischdecken der urgemütlichen *Konoba Busola (Creskih kopača 2 | Tel. 051/571676 | €€)*.

Über einen Promenadenweg erreicht man in wenigen Gehminuten den schönen *Kiesbadestrand* von Cres. Das *Hotel Kimen (212 Zi. | Tel. 051/57 33 05 | Fax 57 30 02 | www.hotel-kimen.com | €€)* mit Tennisplätzen, Minigolf und Tanzterrasse liegt direkt am Strand. Die 950 Stellplätze des *Campingplatzes Kovačine (Tel. 051/57 31 50 | www.camp-kovacine.com)* befinden sich auf einem Gelände mit Olivenbäumen am Strand der Stadt Cres, teils FKK. WLAN-Zugang ins Netz findet man in der *ACI-Marina* von Cres.

LOZNATI [128 B1]

Insider Tipp

Die *Konoba Bukaleta (Tel. 051/57 16 06 | €)*, 6 km von Cres Richtung Osor in Loznati, ist weit über die Inselgrenzen hinaus berühmt für ihre Spezialitäten: Lammbraten, Bratkartoffeln, selbst gebackenes Brot, hausgemachter Wein und Schnaps.

LUBENICE ★ [128 A2]

Seit über 4000 Jahren ist dieser malerische Ort, 378 m steil über dem Meer, schon bewohnt. Der kurvenreiche Weg durch die karge Steinlandschaft lohnt sich. Man wird mit

Bauernmarkt in Cres: Gemüse und Olivenöl, Honig und getrocknete Feigen

einem herrlichen Blick über das Meer belohnt. Schafskäse, Schinken und Wein können Sie in der *Konoba Hibernicia (€)* im Herzen des Städtchens genießen. Die Besitzerin Rozmari Toić kocht selbst, so Lammragout mit Njoki oder Lammsuppe.

Heute leben zwischen Marktplatz, *Glockenturm* und der gotischen *St.-Antonius-Kirche* nur noch 15 Menschen. Unten liegt ein herrlicher Insider Tipp *Badestrand Sv. Ivan.* Nur Yachten ankern gelegentlich in der idyllischen Bucht, die unter ▶▶ Schnorchlern für ihre artenreiche Unterwasserflora und -fauna berühmt ist. Zu Fuß geht's 45 Minuten steil bergab; der Aufstieg dauert natürlich entsprechend länger.

MARTINŠĆICA **[128 A2]**

Mit Ferienwohnungen, Privatzimmern, zwei Campingplätzen sowie Läden und Restaurants an einem langen *Kiesstrand* wandelt sich die Fischersiedlung langsam in einen touristischen Ort (190 Ew.), der wie die gesamte Bucht nach der mittelalterlichen *Kirche des hl. Martin* benannt ist. In der Nähe liegt das im 16. Jh. gegründete *Franziskanerkloster* und die *Kirche des hl. Hieronymus.*

OSOR ★ **[128 B3]**

Wo sich Cres und Lošinj begegnen, liegt Osor (70 Ew.). Von der einstigen Bedeutung der Ansiedlung, seit der Antike bis ins 15. Jh. einer der wichtigsten Häfen in der Kvarner-Bucht, künden der *Dom* aus dem 15. Jh. sowie der vom *Bischofspalast* und Bürgerhäusern eingerahmte Vorplatz der Kirche. Ein Ort, dessen Kulisse dem klassischen Konzertreigen der *Musikabende von Osor (Juli und Aug.)* einen stilvollen Rahmen beschert. Zur Musik hat sich die Kunst der Bildhauer gesellt: Vom berühmtesten kroatischen Vertreter der Zunft, Ivan Meštrović, stammt die Plastik „Ferne Akkorde" vor der Basilika. Weitere Werke in Nischen und Mauervorsprüngen begleiten Sie auf Ihrem Weg. Das *Archäologische Museum (im Sommer Di–Sa 10–13, 19–22 Uhr | 10 Kuna)* im ehemaligen Rathaus verwahrt nun die glorreiche Historie der Stadt, vor allem archäologische Funde. Zwischen den grauen Steinhäusern zieht der bunte Sommergarten der *Konoba Bonifačić* Insider Tipp *(Tel. 051/23 74 13 | €€)* Besucher unwiderstehlich auf die schöne Terrasse und in den gemütlichen Gastraum, in dem frischer Fisch und natürlich auch Lamm kredenzt werden.

In Stein gehauen steht der Bischof von Osor an der Domfassade

VALUN ★ **[128 A1]**
Von zartgrünem Wasser umspült und von weißen *Kiesstränden* gesäumt, wirkt Valun (68 Ew.) wie ein Ort aus dem Bilderbuch. Die Straße endet oberhalb des Ortes auf einem Parkplatz im Schatten der Olivenbäume. Camper finden 100 m weiter einen einfachen Zeltplatz, der sich von Wohnwagen und Wohnmobilen nicht erreichen lässt. Im Sommer sind Privatzimmer und Ferienwohnungen von meist italienischen Stammgästen belegt. Auf dem kleinen Platz am Uferkai treffen sich abends Einheimische und Urlauber, schauen den Fischern im Hafen und den in der Bucht vor Anker gehenden Booten zu und genießen das Leben. Im Restaurant *Na Moru (Tel. 051/52 50 56 | €€–€€€)* sitzen Sie – wie der Name sagt – direkt am Meer. Freundlicher Service und ein kreativer Küchenchef machen es zum Lokal der Wahl an der Bucht von Valun.

Vor dem Essen lohnt der Weg ein paar Schritte bergauf zur *Pfarrkirche,* in der Sie die glagolitischen Inschriften der *Tafel von Valun* bewundern können. Sie zählt zu den ältesten kroatischen Schriftdenkmälern.

SCHIFFSVERBINDUNGEN

Fährenpendelverkehr ganzjährig, im Juli/August auch nachts, zwischen *Brestova* (Festland) und *Porozina* (Cres); im Sommer auch mehrmals täglich *Valbiska* (Krk)–*Merag* (Cres).

AUSKUNFT

TOURISMUSVERBAND INSEL CRES
Ulica Cons 11 | Tel./Fax 051/57 15 35 | www.tzg-cres.hr

KRK

[124–125 B–E3–6] Krk: ein fast unaussprechlicher Name! Wenn man einen angedeuteten „i"-Laut zwischen den ersten und zweiten der drei Buchstaben mogelt,

Einen garantierten Blick aufs Wasser haben Sie im Restaurant Na Moru in Valun

klingt das noch immer nicht so sanft wie Hawaii, aber ein wenig lieblicher als ein verschluckter Hahnenschrei ...

Die zu Titos Zeiten gebaute Brücke (mautpflichtig), die Krk seit 1980 mit Kraljevica auf dem Festland verbindet, gilt als technische Meisterleistung. Einer ihrer Stahlbetonbögen ist mit 390 m Länge einer der am weitesten gespannten Brückenbogen der Welt. Auch wenn es während der Hauptsaison in den bekannten Ferienzentren *Baška, Krk, Njivice, Malinska* und *Punat* und in den Ausflugsorten *Vrbnik* und *Dobrinj* zeitweilig recht lebhaft und eng wird, so ist die Insel doch mehr als nur eine beliebte Ferieninsel.

Wo die Böden fruchtbar sind, gedeihen Gemüse, Wein und Oliven. Karge Karstflächen sind den Schafen überlassen. Seit der Antike zog dieser strategisch günstig gelegene Magnet immer wieder Menschen an, die die kleine Inselwelt beherrschen wollten: Illyrer, Römer, Kroaten, Venezianer, Franzosen, Österreicher und Italiener. Krk ist eine Fundgrube historischer Hinterlassenschaften.

ORTE AUF KRK

BAŠKA [125 D6]

2 km lang ist der feine *Kiesbadestrand* von Baška (1500 Ew.), der seicht ins Wasser abfällt und in der weiten, grünen Bucht von den umliegenden Bergen geschützt wird.

Entlang der Promenade reihen sich für jeden Geschmack Restaurants, Cafés und Kneipen mit einem schönen Ausblick auf die Bucht. Das Unternehmen *Hoteli Baška* betreut mehrere Hotels wie das luxuriöse *Atrium Residence Baška,* Apartmenthäuser und die Campingplätze *Zablače* und *FKK-Bunculuka (zu buchen über www.hotelibaska.hr | €–€€€).* Wenn Sie einmal außerhalb des Hotels essen wollen, dann probieren Sie doch das *Cicibela (Emila Geistlicha | Tel. 051/85 60 13 | €€),* das aromatisch gewürztes Fleisch und Fisch vom Holzkohlengrill serviert.

Aktivurlauber zieht es ins *Sportzentrum Zablaće* mit Fußballplatz, Minigolfanlage und 15 Tennisplätzen oder zur Tauch- und Segelschule *Rare Bird (am Strand, Tel. 051/ 85 65 36 | www.philidiver.com)* wo man sogar Skiffsegeln lernen kann.

Oberhalb von Baška, in der frühromanischen *Kirche der hl. Lucija (tgl. 10–16, im Sommer 9–21 Uhr | 15 Kuna)* in *Jurandvor,* befindet sich die Nachbildung eines einzigartigen Kulturdenkmals der altkroatischen Sprache in glagolitischer Schrift, die *Baščanska ploča.* Das Original aus weißem Kalkstein (heute in Zagreb), auf dem König Zvonimir (1075–89) den Benediktinern dieses Grundstück zum Geschenk macht, interpretieren die Kroaten als Beweis für das Bestehen eines eigenen Staates schon im Mittelalter. Gipsabdrücke der Platte werden jetzt als Souvenirs angeboten.

Auskunft: *Tourismusverband Baška | Kralja Zvonimira 114 | Tel./Fax 051/85 65 44 | www.tz-baska.hr*

DOBRINJ UND ŠILO [124 C5/125 D4] Insider Tipp
Schon wegen des traditionellen Sonntagsessens *šurlice sa gulašom* (Schupfnudeln mit Gulasch) lohnt

Dreifaltigkeitskirche in Baška, einem der wichtigsten Urlaubsorte auf Krk

Markierte Wanderwege erschließen die Umgebung von Baška. Da gibt es sogar einen „Weg zum Mond", den *Put ka mjesecu* (Gehzeit: rund 2 Stunden, 5,5 km). Vom Ortszentrum von Baška gehen Sie hinauf zum Friedhof *Sveti Ivan*. Durch den Wald führt dann ein Steinpfad zum 380 m hoch gelegenen *Plateau Mjeseca*, das eine herrliche Aussicht auf die Küstengebirgskette Velebit und zur Insel Rab freigibt.

Insider Tipp

sich der Weg nach Dobrinj (120 Ew.). In der *Gostiona Zora (Dobrinj 71 | Tel. 051/84 82 50 | €)* etwas unterhalb der Kirche wird es täglich gekocht. Von hier oben hat man einen herrlichen Blick über Rebfelder und Gemüsegärten bis in die Bucht von Klimno.

Zur Gemeinde Dobrinj gehört auch der 6 km östlich gelegene Küstenort Šilo. Abseits des massenhaften Trubels werden hier Gästebetten in

Privathäusern angeboten, Familienanschluss meistens inklusive *(Šilo Tourist | Na vodici 2 | Tel./Fax 051/ 85 22 03 | www.siloturist.hr)*. An der kleinen Sandbucht von Šilo bietet das Tauchzentrum *Neptun (Mobil-Tel. 051/60 44 04 | www.neptun-silo.com)* Kurse, Tauchgänge und Unterkunft in modernen Apartments an. Von Šilo tuckert jetzt wieder eine Personenfähre hinüber zum Festland nach Crikvenica.

GLAVOTOK UND PORAT [124 B5]

In den beiden Dörfern nicht weit von Malinska befinden sich *glagolitische Franziskanerklöster,* in denen der Gottesdienst zeitweilig noch in altkroatischer Sprache gehalten wird. Hier ist es auch in der Hochsaison ruhiger als in den anderen Badeorten.

Eine komfortable Unterkunft und ein hervorragendes Restaurant offeriert das über dem flachen Kiesstrand gelegene Familienhotel *Pinia (Porat b.b. | Tel. 051/86 63 33 | Fax 86 61 33 | www.hotel-pinia.hr | €€–€€€)*. Ein Hallenbad und ein Wellnesscenter verwöhnen die Gäste bei schlechtem Wetter.

KRK ★ [124 C6]

Im Süden, in einer von Kiefernwald umgebenen Bucht, liegt die vor 2000 Jahren von den Römern gegründete Hauptstadt (5000 Ew.) von Krk, seit dem 4. Jh. Bischofssitz, heute Kultur-, Handels- und Verwaltungszentrum der Insel. Jede Epoche der Stadtgeschichte ist hier mit Mauern und Türmen, Kirchen und Palästen verewigt. Die Altstadt ist Fußgängerzone.

Größte Chance auf einen Parkplatz hat man am Hafen. Hier steht das alte *Stadttor* neben dem mit weißen Steinen neu gepflasterten Hauptplatz. Gegenüber beginnt die Einkaufsstraße *Ulica J. J. Strossmayera,* in der sich Laden an Laden reiht. Die *Kathedrale Mariä Himmelfahrt* mit eleganten Bögen und Kapitellen wurde im 6. Jh. auf römische Mosaiken gebaut. Daran lehnt sich die romanische *Kirche des hl. Quirinus,* geschützt von den Mauern des *Frankopanenkastells* (13. Jh.), in dessen viereckigem Turm die Frankopanen einst Gericht hielten.

Beliebt bei Einheimischen wie Fremden ist die rustikale *Konoba Galija (Frankopanska 38 | Tel. 051/22 12 50 | €€)*. In der preiswerten Pizzeria Galeb *(Tel. 051/22 12 61 | Obala Hrvatske Mornarice 3 | €)* trifft sich die Jugend, bevor sie dann zum ▶▶ *Tiffany (Stepinća 1)* weiterzieht, wo auf der Terrasse bunte Cocktails geschlürft werden. Den Abend beschließt man als Pseudo-Mafioso in der *Casa del Padrone (Šet. Svetog Bernardina | Tel. 051/ 22 21 28),* beschallt von den prominenten DJs der Region.

Das *Hotel Koralj* eine Bucht weiter *(150 Zi. | Vlade Tomašića | Tel. 051/65 54 00 | Fax 65 54 10 | www.valamar.com | €€)* erhielt kürzlich ein Facelifting und empfiehlt sich als moderne, ruhige Unterkunft. Preiswert wohnen Junge und Junggebliebene in der Jugendherberge *Veli Jože (Dr Dinka Vitezica 32 | Tel./Fax 051/ 22 02 12 | www.hostel-krk.hr | €)* in der Altstadt. Tagsüber trifft man sich am ▶▶ Skilift, einem Wasserskilift zwischen Krk und Punat mit Bar, Restaurant und coolen Surfern *(www.wakeboarder.hr | 6 Runden 50 Kuna)*.

Auskunft: *Tourist Info Point | Obala hrvatske mornarice | Tel. 051/ 22 02 26 | www.tz-krk.hr*
- *Krk Sistemi | Šetalište Sv. Bernardina 3*

MALINSKA [124 B–C5]

Der Badeort (1700 Ew.) mit betoniertem *Felsstrand* an der Westküste, der sich rühmt, im Sommer der kühlste und im Winter der wärmste Ort der Insel zu sein, hat schon viel Prominenz gesehen. 1885 kam der österreichische Thronerbe Rudolf von Habsburg zur Vogeljagd nach Malinska. Heute machen vor allem Familien hier Ferien.

Fein herausgeputzt ist das *Hotel Malin (170 Zi. | K. Tomislava 23 | Tel. 051/85 02 34 | Fax 85 02 59 | www.hotelmalin.com | €€)* mit komfortabel ausgestatteten Zimmern, Suiten und Apartments auf einer grünen Anhöhe über dem Meer. Die *Gostionica Primorska koliba (April–Sept. | Svetog Apolinara 2 | Tel. 051/85 95 51 | €€)* gleich um die Ecke zählt zu den besten Fischrestaurants der Insel. Eiscafés, Bars und Restaurants konzentrieren sich an der Promenade entlang des Hafens, die allabendlich beliebter Treffpunkt ist. Für Freunde klassischer Musik gibt es Konzerte in der *Kirche von Malinska* oder im *Kloster Porat.* Die Jugend verbringt die Nächte in der ▶▶ *Disco Crossroads* bei allen angesagten Musikstilen und Schaum- und Themenpartys *(www.crossroad-discotheque.com).*

Auskunft: *Tourismusverband Malinska | Obala 46 | Tel./Fax 051/ 85 92 07 | www.tz-malinska.hr*

NJIVICE [124 C4]

Vor 25 Jahren hatte das Fischerdorf nur 80 Einwohner, heute sind es schon über 1000 – und alle leben vom Tourismus. Im Sonnenschein tummeln sich Jung und Alt auf Betonpisten, Kiesstrand und im seichten, grünen Wasser vor der Promenade. Für Spaziergänger und Jogger:

Wer könnte besser über die Klosterinsel Košljun führen als ein hier lebender Franziskaner?

Von Njivice führt ein 5 km langer, autofreier Weg entlang der Eichenwälder nach Malinska.

Zur einen Seite den Blick über das blaue Wasser werfen, zur anderen dem bunten Leben auf der Promenade zuschauen kann man von den Restaurantterrassen an der *Ribarska obala,* z. B. der des *Rivica (Ribarska obala 13 | Tel. 051/84 61 01 | €€€),* wo Sie Meeresspezialitäten und internationale Fleischgerichte erhalten. Das Hotel *Jadran (220 Zi.| Primorska | Tel. 051/866 14 44 | Fax 84 61 16 | www.hoteli-njivice.hr | €€)* liegt am Ende der Promenade direkt am Wasser.

Auskunft: *Tourismusverband Njivice | Ribarska obala 10 | Tel./Fax 051/ 84 76 62 | www.tz-njivice-omisalj.hr*

PUNAT UND KOŠLJUN [124 C6]

In der vor Sturm und Wellen geschützten Bucht von Punat finden Boote und Yachten nicht nur Zuflucht, sondern im Ort Punat auch die größte *Marina* der Adria (809 Liegeplätze im Wasser, 400 Plätze an Land) mit einem Allroundservice für Nautiker und 120 Charterboote.

Der Marina gegenüber liegt das Insider Tipp ruhige und komfortable *Hotel Kanajt (20 Zi. | Kanajt 5 | Tel. 051/65 43 40 | Fax 65 43 41 | www.kanajt.hr | €€)* im ehemaligen *Bischofspalais.* Sportbegeisterte finden hier Tennisplätze, Gratisleihräder und eine Segelschule, die regelmäßig Intensivkurse für Skipper veranstaltet. Kulinarisch Interessierte werden das Olivenmuseum, den Kräutergarten, vor allem aber die ausgezeichnete Küche des *Kanajt*-Restaurants goutieren. Die beiden Autocamps *Konobe (FKK | Tel. 051/85 40 36 | www.hoteli-punat.hr)* und *Pila (Tel. 051/85 40 20 | www.hoteli-punat.hr)* bieten insgesamt 1200 Stellplätze unter schattigen Föhren sowie im Juli/August Kinderprogramm und Animation. Großer Beliebtheit erfreut sich der ▸▸ *Wasserskilift* von Punat, und das nicht nur tagsüber bei Wakeboard-Fahrern sondern auch abends, wenn sich die Szene in der Lift-Bar versammelt, um über die besten Schwünge des Tages fachzusimpeln.

Inmitten der Bucht liegt die fotogene, kleine, grüne ★ *Klosterinsel Košljun,* ein Juwel der Natur und Kultur, zu der Sie sich mit kleinen Booten vom Hafen Punat übersetzen lassen können *(40 Kuna hin und zurück).* Die im 12. Jh. von den Benediktinern gegründete Anlage wird seit dem 15. Jh. von Franziskanermönchen bewirtschaftet. Auf dem großen Areal gedeihen 400 Pflanzenarten, darunter allein 155 verschiedene Pilzsorten. In der reich geschmückten Kirche singt man noch immer Lieder in altkroatischer Sprache. Die *Ausstellung* von kulturhistorischen Raritäten wie Büchern aus den Anfängen der Kunst des Druckens (15. Jh.) sowie die naturwissenschaftliche und ethnografische Sammlung lohnen einen Besuch *(Mo–Sa 9.30–18 Uhr | 15 Kuna).*

Auskunft: *Tourismusverband Punat | Obala 72 | Tel./Fax 051/85 49 70 | www.tzpunat.hr*

SOLINE [124 C4]

In der lagunenartigen Bucht Soline auf der Nordseite von Krk finden Sie beim Dorf *Čižići* neben dem feinen Sand natürliche Heilschlammablage- Insider Tipp rungen (Fango). Sich mit dem gesunden Matsch von oben bis unten einzuschmieren ist ein kostenloses Vergnügen für Jung und Alt. Eine gepflegte Unterkunft finden Sie hier in der *Villa Burić (4 App. | Čižići 101 | Tel. 051/85 33 03 | www.villaburic.com | €€)*.

Zur kleinen *Tropfsteinhöhle Biserujka (im Sommer tgl. 10–19 Uhr, sonst kürzere Öffnungszeit | 20 Kuna)* kommen Sie, wenn Sie die schmale Straße nach *Rudine* (3 km) hinauffahren. Lassen Sie sich verzaubern vom skurrilen Schmuck der Grotte.

STARA BAŠKA [125 D6]

Seit die enge Straße durch Geröllhalden und entlang steiler, nackter Felswände von Punat nach Stara Baška (10 km) asphaltiert wurde, ist die alte Hirtensiedlung zwar nicht mehr *der* Geheimtipp für Leute, die einsame Badebuchten und wilde Strände suchen, aber noch immer ein lohnendes Ziel für all jene, die dem großen Touristenrummel entfliehen wollen. Übernachtungsmöglichkeiten findet man im *Autocamp Škrila (Tel. 051/84 46 78)* oder in Privatquartieren wie der netten *Pension Nadia (Tel. 051/84 46 63 | €€)*, wo Sie auch eine deftige Mittagsmahlzeit bekommen.

VRBNIK [125 D5]

An der Ostküste thront die mittelalterlich geprägte *Altstadt* (950 Ew.) mit engen Gassen und Stiegen malerisch auf einem Kalkfelsen. Vrbnik war einst ein Zentrum der Glagoliter. Das Restaurant *Nada (Glavača 22 | Tel. 051/85 70 65 | €€)* besteht aus einer gemütlichen Konoba und dem eleganteren Gastraum darüber. Ganz gleich wo Sie sich niederlassen – die *šurlice* mit Gulasch schmecken hervorragend! Insider Tipp

Erstklassige Weine wie der *Vrbnička žlahtina* wachsen rund um die *Vinarija Katunar (Sveta Nedija | Tel. 051/85 73 93 | www.katunar.com)*. Jeden Tag ab 17 Uhr kann die Weinkellerei, ein Familienbetrieb, besichtigt werden, Weinprobe und Verkauf täglich 8 bis 22 Uhr.

Auskunft: *Tourismusverband Vrbnik | Plava vrbnickog statuta 4 | Tel. 051/85 74 79 | www.vrbnik.hr*

SCHIFFSVERBINDUNGEN

Eine ganzjährige Fährverbindung besteht zwischen *Valbiska* (Krk) und *Merag* (Cres), von Anfang Juni bis

> FLIPPER VOR CRES

Ein Reservat für Delphine

Die Gewässer um Cres und Lošinj sind zum Schutzgebiet für Delphine erklärt worden, dem ersten im Mittelmeer. Seit 1987 erforscht man hier den Meeressäuger in seinem Lebensraum. Bis heute sind etwa 150 Exemplare markiert und registriert. Ein ausgewachsener Delphin ernährt sich täglich von 5 bis 10 kg kleiner Fische und lebt vorwiegend in Gruppen. Die Fischer sind von dieser Konkurrenz nicht begeistert. Infozentrum der Schutzstation für Delphine: *Zad Bone 11 | Veli Lošinj | Tel. 051/23 64 06 | www.blue-world.org*

Badepause in der Strandbucht Zgribnica bei Vrbnik an der Ostküste von Krk

Mitte September verkehrt die Fähre von *Baška* (Krk) nach *Lopar* (Rab).

AUSKUNFT

TOURISMUSVERBAND DER INSEL KRK

Trg Svetog Kvirina 1 | Krk | Tel. 051/ 22 13 59 | Fax 22 23 36 | www.krk.hr

LOŠINJ

[128 A–C 3–6] **Die Insel ist wärmer, aber auch viel grüner als das herbe Cres. Bereits im 19. Jh. erlebten hier Asthmakranke in dem Gemisch aus frischer Seeluft und Pflanzenwohlgerüchen Linderung ihrer Leiden.** *Mali Lošinj* (das „kleinere“ Lošinj, das in Wirklichkeit größer ist) und *Veli Lošinj* (das „große“) sowie die Ortschaft *Nerezine* im Norden sind die Hauptorte. In dem dichten Kiefernwald auf der Halbinsel *Čikat,* der sich bis nahe an das Zentrum von Mali Lošinj erstreckt, liegen an der buchtenreichen Küste alte Villen und moderne Hotelanlagen.

Wer des Badens in Sonne und Meer überdrüssig wird und nach Aktivitäten sucht, sollte Lošinj zu Fuß entdecken, z. B. auf dem *Promenadenweg* am Meer entlang von *Mali Lošinj* nach *Veli Lošinj* (ca. eine knappe Stunde). Auf den höchsten Gipfel der Insel, die *Televrina* (588 m), führt ein Wanderweg (ca. 4–5 Stunden Gehzeit) über den Bergrücken des *Osorščica.* Er beginnt in *Nerezine,* endet in *Osor* und ist mit einem roten Kreis auf weißem Grund an Trockenmauern und Steinen markiert.

ORTE AUF LOŠINJ

MALI LOŠINJ [128 B5]

Rund um das Hafenbecken wachsen die Häuser von Mali Lošinj (6700 Ew.) auf engem Raum die sanften Hügel empor. Viele der prächtigen alten Villen aus dem 19. Jh. wurden von Kapitänen gebaut, die Schätze aus aller Welt zusammengetrugen. Die roten Dächer werden vom weißen Turm der *Marienkirche* überragt. Am Stadtrand präsentiert der Kräutergarten *Miomirisni otočki vrt*

(Juli/Aug. 10–12, 18–21 Uhr | Ulica Braće Vidulić) die aromatisch duftende Flora der Insel, im angeschlossenen Laden werden Kräuter und Honig verkauft. In der Nähe des Hafens befindet sich die *Konoba Corrado (Sveta Marija 1 | Tel. 051/ 23 24 87 | €€)*, bekannt für einheimische Küche.

Modern, farbenfroh und bestens ausgestattet sind die Suiten des *B&B Mare Mare Suites* am Hafenbecken von Mali Lošinj *(8 Zi. u. Suiten | Riva lošinjskih kapetana 36| Tel. 051/23 20 10 | Fax 23 20 21 | www.mare-mare.com | €€€)*. Gleich nebenan bereitet Ivanka in der äußerlich unscheinbaren *Konoba Chalvien (Lošinjskih brodograditelja 84 | Tel. 051/23 31 01 | €€)* frischesten Fisch nach Mutters Rezepten. K. u. k. Glanz verströmt die *Villa Favorita* am Hang über der Sonnenbucht *Sunčana uvala (8 Zi. | Tel. 051/52 06 40 | Fax 23 28 53 | www.villafavorita.hr | €–€€)*. Die meisten Strandhotels *(alle unter www.losinj-hotels.com zu buchen)* sind noch nicht renoviert und deshalb nicht empfehlenswert. Einen Fahrrad- und Surfbrettverleih und die deutschsprachige *Surfschule Sunbird* finden Sie an der *Čikat*-Bucht *(www.sunbird.de)*. Abends treffen sich dann alle nach den Tagesaktivitäten in der *Katakomba (Del Conte Giovanni 1)* mit Livemusik oder auf dem Partyschiff *Marina*.

NEREZINE [128 B4]

In dem beliebten Ferienort (400 Ew.) an der Nordostküste sind noch einige historische Bauten erhalten, darunter das 1912 erbaute Rathaus im austro-ungarischen Stil, das heute als *Hotel Televrin* neben Feriengästen auch Literaten und Künstler zu Symposien empfängt *(15 Zi., 2 Suiten | Obala neresinskih pomoraca | Tel. 051/23 71 21 | Fax 86 74 15 | www.televrin.com | €€)*. In der Werft von Nerezine werden die traditionellen Seglern nachempfundenen Motorschiffe gebaut, mit denen Feriengäste an der Adriaküste auf „Piratenfahrt“ gehen.

VELI LOŠINJ ★ [128 B5]

Mediterrane Romantik par excellence! Den Eingang zur engen Hafenbucht von Veli Lošinj beherrscht die imposante barocke *Pfarrkirche*

> PIRATENKREUZFAHRTEN

Auf nostalgischen Motorseglern durch die Inselwelt

Eine ganze Armada nostalgischer Motorsegler kreuzt jeden Sommer mit Urlaubern durch die Kvarner-Inselwelt. An Bord wird gekocht und gegrillt. Für legere Ferientage zweckmäßig eingerichtet sind die kleinen Kabinen auf den nachgebauten Oldtimern. Umso großzügiger ist das Sonnendeck gestaltet. Unterwegs zum nächsten Tagesziel ankern die Holzschiffe in stillen Buchten, die meist nur vom Wasser aus zu erreichen sind – ideale Plätze zum Schwimmen und Schnorcheln im glasklaren, warmen Wasser. Nachmittags bleibt genügend Zeit für Entdeckungen an Land. *Auskunft bei der Kroatischen Zentrale für Tourismus | 1 Woche inkl. Halbpension je nach Saison ab 500 Euro des hl. Antonius* (18. Jh.). Die wertvollen Kunstschätze, Altäre und Gemälde verdankt sie vor allem den Stiftungen der Kapitäne der Stadt (990 Ew.). In der *Galerie Kula (Juli/Aug. tgl. 10–13, 18–21 Uhr | 8 Kuna | Kaštel 2)* können Sie die Kopie eines spektakulären Fundes sehen: Der 2000 Jahre alte Bronzejüngling Apoksiomen wurde 1999 vollkommen intakt aus den Gewässern vor Lošinj gefischt.

Um das winzige Hafenbecken reihen sich Cafés und Restaurants. In der *Gostionica Marina (Obala Maršala Tita 38 | Tel. 051/23 61 78 | €€)* an der Einfahrt zum Hafen sucht man sich aus der Kühlbox die Meeresfrüchte selbst aus. An der Rovenska-Bucht schwingt in der ▶▶ *Bora Bar (Rovenska 3, Tel. 051/86 75 44 | €€€)* Sasso den Kochlöffel. Seine italienisch-kroatischen Kreationen sind in der Gourmetszene berühmt.

Zur Übernachtung empfiehlt sich das *Punta (234 Zi. | Tel. 051/66 20 00 | Fax 23 63 01 | www.losinj-hotels.com | €€)*, Hotel und Ferienanlage mit zwölf Tennisplätzen und Pool. Das *Saturn (9 Zi. | Obala Maršala Tita | Tel. 051/23 61 02 | Fax 23 63 52 | www.cres-losinj.de | €€)* ist eine Privatpension direkt am Hafen.

Winzig, aber sehr romantisch ist der Hafen von Veli Lošinj

SCHIFFSVERBINDUNGEN

Katamaran von *Mali Lošinj* nach *Rijeka (in der Saison tgl.)*; Personenfähre: *Mali Lošinj–Unije–Ilovik–Susak–Mali Lošinj (tgl.)*, Auskunft unter www.jadrolinija.hr

AUSKUNFT

TOURISMUSVERBAND LOŠINJ

Lošinjskih kapetana 29 | Mali Lošinj | Tel./Fax 051/23 18 84 | www.tz-malilosinj.hr

ZIELE IN DER UMGEBUNG

SUSAK [128 A5]

Einzige *Sanddüneninsel* im Mittelmeer, über deren Entstehung die Wissenschaft rätselt. Ideal für kleine Kinder ist der seicht abfallende Sandstrand. Die alten Frauen von Susak gehen noch in Tracht mit kniekurzem, schwarzem Rock und sprechen einen altkroatischen Dialekt.

UNIJE ★ [128 A4]

Eine autofreie Insel mit fruchtbarem Ackerboden. Einsame Wege führen in versteckte, romantische Badebuchten. Etwas für Entdecker, die Natur statt Luxus und Rummel suchen. Im Ort *Unije* gibt es nur Unterkünfte in Privatzimmern und Appartements. Adressen listet die Losinjer Website *www.tz-malilosinj.hr* (auf *Inseln* und dann *Unije* klicken).

> LOW BUDGET

- Bei den Geiern: Ein Praktikum im *Eko-Center* in *Beli/Cres* bringt intensive Erfahrungen im Umgang mit den bedrohten Gänsegeiern und Kontakte zu Mitarbeitern und Einwohnern. Vorteil ist auch die günstige Unterkunft und Verpflegung: Von Oktober bis Juni kosten zwei Wochen rund 300 Euro *(www.supovi.hr)*.
- Ausflug nach *Susak* und *Ilovik*: Viele Agenturen in Mali und Veli Lošinj bieten Ausflüge auf die beliebten Badeinseln an. Deren Preise liegen allerdings um ein Vielfaches über denen der Personenfähre, die im Sommer mehrmals täglich vom Hafen in Mali Lošinj zur Inseltour aufbricht.

RAB

[129 D–E 2–3] **Aus der Vogelperspektive sieht Rab wie ein Hummer aus. Wenn sich die Fähre vom Festland dem Kai in Mišnjak nähert, erscheint die Insel als nackte Felswüste.** Doch nur wenige Kilometer weiter, nach dem Passieren der „heiligen Kette" *Kamenjak,* die Rab vor den kalten Nordwinden schützt, beginnt ein Wunderland grüner Wälder und fruchtbarer Felder. Rab ist eine überschaubare, fröhliche Ferieninsel mit einer lebendigen, über 2000 Jahre alten Geschichte, die in alten Mauern, Palästen, Klöstern und Kirchen ihre Spuren hinterlassen hat.

Auch in den Dörfern *Barbat na Rabu* und *Banjol, Kampor* und *Supetarska Draga* sowie in *Lopar* im von gelben Sandstränden umgebenen äußersten Norden wird das Leben im Sommer von Urlaubern bestimmt. Nur *Suha Punta* ist eine reine Hotel- und Apartmentsiedlung zwischen den urwaldähnlich bewachsenen und von versteckten Felsbuchten gesäumten Halbinseln *Frkanj* und *Kalifront.* Insider Tipp Beide sind für den Autoverkehr gesperrt. Wanderer trifft man selten auf den einsamen Wegen, die durch ein der Natur überlassenes Gebiet führen.

ORTE AUF RAB

LOPAR [129 D2]

Der Ort im Nordwesten der Insel besitzt an der tief eingeschnittenen, be-

Die Glockentürme von Rab sind das Wahrzeichen der Stadt

waldeten Bucht *Uvala Crnika* einen 1,5 km langen *Sandstrand,* der seicht ins Wasser abfällt. Empfehlenswert ist das familiäre *Epario Hotel (28 Zi. | Lopar 456a | Tel. 051/77 75 00 | www.epario.net | €€),* nur 200 m vom Strand entfernt.

RAB ★ **[129 D3]**

Die Stadt Rab liegt auf einer schmalen Landzunge zwischen der Bucht *Sveta Eufemija* und dem Hafen. Vier *Glockentürme* am steil abfallenden Rand der Bucht sind ihr Wahrzeichen. Schmale Gassen durchkreuzen die drei Hauptadern *Gornja ulica* (Obere Straße), *Srednja ulica* (Mittlere Straße) und *Donja ulica* (Untere Straße). Das quirlige Städtchen gehört ausschließlich den Fußgängern. Während der Saison ist es ratsam, das Auto schon in beträchtlicher Entfernung zum Hafen stehen zu lassen.

Bummeln Sie am Hafenkai entlang, dann treffen Sie gleich auf den stets von Straßenhändlern bunt belebten Platz *Trg Svetog Kristofora.* Durch das alte *Seetor* kommt man zur von acht Marmorsäulen gestützten *Stadtloggia.* Neben ihr der *Stadtturm* mit der Uhr und die gotische *Kapelle Sveti Nikola.* Hier beginnt die *Srednja ulica,* eine enge Geschäftsstraße voller Läden, Cafés und Restaurants. An den Bürgerhäusern aus dem 12. und 13. Jh. sind trotz vieler Umbauten noch Wohlstand und Macht abzulesen.

Die Obere Straße, an der sich Rabs Kirchen und Türme aufreihen, empfängt einen mit kaum vermuteter besinnlicher Ruhe, in die nur das Vogelgezwitscher aus dem angrenzenden prachtvollen *Stadtpark Komrčar* dringt. Von der Kirche *Sveti Ivan Krstitelj* ist nur noch der romanische *Glockenturm* aus dem 12. Jh. erhalten. Wer ihn besteigt *(5 Kuna),* wird mit einem herrlichen Ausblick belohnt. Aus der Renaissance stammt die *Kirche Sveta Justina,* heute *Museum für sakrale Kunst (tgl. 9–11 und 19.30–22 Uhr | 10 Kuna).* Unweit davon die dreischiffige romanische *Basilika Sveta Andrija* mit dem ältesten Glockenturm der Stadt. Größte Aufmerksamkeit aber gebührt der im 12. Jh. als Kathedrale von Rab geweihten *Basilika Sveta Marija Velika.* Im Inneren über dem Hauptaltar das Reliquiar des hl. Christophorus, aus Eichenholz meisterhaft geschnitztes Chorgestühl von 1445, ein altkroatischer Hostienbehälter aus dem 10. Jh. sowie ein Taufbecken von 1497. Der 26 m hohe *Turm* der Kathedrale, mit romanischen Fenstern und einer Pyramidenspitze, ist der höchste und schönste der Stadt.

Die Altstadt von Rab zieht wie ein Magnet Urlauber und Einheimische, Straßenkünstler und Händler gleichermaßen an. Für stille Romantiker ist in den Mauern der Stadt wenig Raum. Den finden sie etwas abseits, auf einem Gang durch den *Park Komrčar* entlang der Küste zum *Franziskanerkloster Sveta Eufemija (ca. 2 km | tgl. 10–12, 16–18 Uhr | 15 Kuna).*

Insider Tipp

Die Korbsessel des Künstler-Café-Restaurants *Paradiso (Stjepana Radića 1 | Tel. 051/77 11 09 | €€€)* laden im Innenhof des *Palais Cernota* zum Verweilen. Auf der Speisekarte finden sich auch Kreationen wie Pasta mit grünem Spargel. Eine ▶▶ *Galerie* zeigt die Werke junger Künstler, und nachts legen hier DJs die neusten Lounge-Sounds auf. Uriger geht's in der *Konoba Rab (Kneza Branimira 3 | Tel. 051/72 56 66 | €€)* zu; das schmale Haus in der Altstadt ist rustikal eingerichtet und setzt auf traditionelle Gerichte von Lamm und Schwein sowie auf frischen Fisch.

Umgeben von antiken Möbeln und modernstem Komfort logiert man im *Arbiana Hotel (28 Zi. | Obala Kralja Kresimira 12 | Tel. 051/77 59 00 | Fax 77 59 91 | www.arbianahotel.com | €€€)* direkt an der Meerespromenade wie ehemals Fürsten und Könige. Preiswerter ist das Strandhotel *Padova (170 Zi. | Banjol bb | Tel. 051/72 45 44 | Fax 72 44 18 | www.imperial.hr | €€),* etwa 15 Minuten Fußweg von der Altstadt entfernt. Etwa 4 km vom Stadtzentrum, in Barbat, verwöhnt das Restaurant *Leut (Barbat 451 | Tel. 051/72 10 74 | €€)* seine Gäste mit einer vorzüglichen Fischplatte und Wein aus eigenem Anbau.

Eine etwa einstündige Wanderung führt von Rab auf den 409 m hohen *Kamenjak,* zunächst auf Asphalt, später dann auf einem breiten Feldweg, der gelegentlich auch von Autos befahren wird. Man passiert dabei noch traditionelle Schafpferche, wandert über magere Weiden und genießt vom höchsten Punkt einen fantastischen Blick über die Insel, das gegenüber das Festland säumende Velebit-Gebirge und bei guter Sicht auf die Eilande Krk, Cres, Pag und Lošinj. In der Saison verpflegt die *Konoba Kamenjak* müde Wanderer auf dem Gipfel mit Speis und Trank. Für unterhaltsame Sommernächte sorgt der ▶▶ *Santos Beach Club (www.sanantonio-club.com)* am Strand von *Pudarica,* 10 km von Rab-Stadt entfernt.

SUHA PUNTA [129 D3]

Zur Feriensiedlung Suha Punta gehören im Wald am Meer verteilt einfache Apartments in Reihenbungalows mit rudimentärem Komfort. Einzig empfehlenswerte Unterkunft ist das jüngst renovierte Hotel *Carolina (143 Zi. | Tel./Fax 051/72 41 33 | €€ | www.imperial.hr).*

Kurz vor Suha Punta mündet auf der rechten Seite ein holpriger Sandweg (beschildert) in den Wald von *Kalifront.* Mit etwas Geduld erreichen Sie nach ein paar Minuten am türkisfarbenen Wasser der *Gožinka*-Bucht (Schinkenbucht) ein idyllisch

Abendstimmung auf der Fähre von Baška auf Krk nach Lopar auf Rab

gelegenes, einfaches Gasthaus, die *Konoba Gožinka* (€). In der Nähe ist ein kleiner, weißer Kiesbadestrand.

SCHIFFSVERBINDUNGEN

Ganzjährig täglich mehrere Abfahrten von *Jablanac* (Festland) nach *Mišnjak* (Rab), Pendelverkehr zur Hauptsaison. Autofähre von *Baška* (Krk) nach *Lopar* (Rab) Juni bis September.

AUSKUNFT

TOURISMUSVERBAND RAB

– *Trg Municipium Arba 8, Rab | Tel. 051/77 11 11 | Fax 77 11 10 | www.tzg-rab.hr*

– *ACI Marina Rab*

ZIEL IN DER UMGEBUNG

PAG [129 D–F 3–6]

In der Saison werden von Rab Ausflugsfahrten nach Lun auf Pag organisiert. Außerdem besteht rund um die Uhr ein Nonstop-Pendelverkehr zwischen Prizna (Festland) und Žigljan (Pag). Die Überfahrt führt vorbei an völlig kahlen Eilanden und Riffen, und der erste Eindruck von Pag (8000 Ew.) ist der einer Mondlandschaft. Doch inmitten der Steine wuchert Salbei, aus dessen Blüten Bienen würzigen Nektar saugen. Den knorrigen Olivenbäumen zwischen Lun und Novalja ist der heiße, trockene Steinboden höchst willkommen. Und Schafskäse aus Pag ist eine bekannte Spezialität.

Auf dem Weg in die Inselhauptstadt Pag passiert man eine grün bewachsene Bucht, in die sich der Fischerort *Šimuni* bettet. Kurz vor Pag ein herrlicher Blick vom Bergkamm auf das Städtchen und die dahinter liegenden Salinen, aus denen Meersalz und Fango geschöpft werden. *Pag* (2500 Ew.) bietet seinen Gästen einen 2 km langen Sandstrand vor Hotels und Ferienwohnungen. Wesentlich lebhafter präsentiert sich Novalija mit Beach-Partys und dem schicken Hotel *Luna (96 Zi. | Jakišnica | Tel. 053/65 47 00 | Fax 65 47 54 | www.luna-hotel.hr | €€).*

Auskunft: *Tourismusverband Pag | Ulica od špitala | Pag | Tel./Fax 023/61 13 01 | www.pag-tourism.hr*

> WEHRSTÄDTE, WEINGÜTER UND K. U. K. NOSTALGIE

Durch hügeliges Weinland zu mittelalterlichen Städtchen und Künstlerkolonien

Die Touren sind auf dem hinteren Umschlag und im Reiseatlas grün markiert

1 DURCH REBGÄRTEN INS HÜGELLAND

Malerische Landpartie: Im Hinterland der Ferienküste träumen uralte Dörfer und Städtchen auf grünen Hügeln. Die Strecke: Poreč–Novigrad–Buje–Grožnjan–Šterna–Oprtalj–Motovun–Beram–Pazin–Tinjan–Poreč (130 km). Diese Tagestour lässt sich auch mit dem zweiten Routenvorschlag verbinden. Für die Gesamtstrecke von rund 270 km sollten Sie dann aber lieber eine Übernachtung einplanen. Da es im Binnenland wenige Hotelunterkünfte (nur in Motovun und Pazin) gibt, suchen Sie sich an der Küste ein Quartier. Sie fahren am ersten Tag von Poreč über Motovun und Pazin bis zur Kvarner-Bucht. Am zweiten Tag geht es dann über das Učka-Gebirge nach Buzet, Pazin und zurück nach Poreč.

Nur wenige Kilometer hinter den lebhaften Seebädern an der Westküste Istriens sehen die trutzigen Ort-

Bild: Über den Dächern von Motovun

AUSFLÜGE & TOUREN

schaften im Binnenland wie Bühnenbilder zu einem eigentümlichen Märchenspiel aus. Wer sich hier, im Grenzbezirk mächtiger Herrschaftsbereiche, niederließ, dem war sein Besitz nie sicher. Heute sind die massigen Festungsmauern und Wehrtürme längst ihrer eigentlichen Bestimmung enthoben. In den Rissen und Spalten grauer Gemäuer wurzeln Oregano, Thymian und Efeu. Aber vielleicht ist das Schicksal vieler vom Aussterben und Verfall bedrohter Dörfer doch noch aufzuhalten. **Grožnjan** könnte ein Wegweiser sein: Dort haben Künstler und Kunsthandwerker aus ganz Kroatien die schöne, alte Bausubstanz liebevoll renoviert und ein neues Zuhause gefunden.

Die Altstadt von **Poreč** *(S. 46)* schmückt die berühmte byzantinische Euphrasius-Basilika. In **Novigrad** *(S. 41),* dessen mittelalterliche Altstadt sich ebenfalls auf einer Landzunge, umgeben von Resten einer Zinnenmauer, drängt, geht es noch erheblich ruhiger zu. Hier verlassen Sie die Küstenregion und fahren entlang ebener Äcker und Weinfelder, die Istriens berühmten Malvasia tragen, dem auf einem sanften, grünen Hügel gelegenen Städtchen **Buje** *(S. 61)* entgegen.

In Buje treffen Sie auf die stark befahrene, kurvige Hauptstraße nach **Pula.** Folgen Sie ihr etwa 8 km, dann zweigt eine kleine Nebenstraße ab, die sich zum pittoresken Künstlerdorf **Grožnjan** *(S. 48)* hinaufwindet.

Die Nähe der Adria lässt sich jetzt nur noch erahnen. **Šterna** liegt schon auf 311 m, das 4 km entfernte, in seiner mittelalterlichen Blüte schlummernde *Oprtalj* (Insider Tipp) gar auf 378 m Höhe über dem Meer. An der gut erhaltenen Renaissanceloggia vorbei und durchs Stadttor geht's in den historischen Ortskern. Einkehren können Sie in der **Konoba Oprtalj** *(Matka Laginje | Tel. 052/64 41 30 | €–€€)* zu aromatischem *pršut* und Käse. Auf der Weiterfahrt ins Mirna-Tal passiert man die romanische Kirche *Sv. Jelena* (Insider Tipp) mit bunten Fresken (15. Jh.).

In engen Serpentinen führt die ☀ Straße mit schönen Ausblicken hinunter ins bewaldete **Tal der Mirna,** wo Istriens berühmte kulinarische Schätze, die weißen Trüffeln, wachsen. Am gegenüberliegenden Ufer dehnt sich **Motovun** *(S. 49)* auf einem Hügel aus. Etwas abseits von **Beram** *(S. 44)* liegt unscheinbar die kleine Friedhofskapelle, deren Innenraum mit Fresken ausgemalt ist.

Bis **Pazin** *(S. 43)* sind es jetzt nur noch 6 km. Istriens Verwaltungshauptstadt ist vom Kastell geprägt, das imposant über einer 120 m tiefen Felsenschlucht liegt und noch Spuren seiner deutsch-habsburgischen Vergangenheit trägt. Die von **Rijeka** kommende Hauptstraße bringt Sie über **Tinjan** zurück nach **Poreč.**

Unmittelbar neben dem Kastell von Pazin geht es steil hinab in eine tiefe Karstschlucht

2 NEBENSTRECKEN MIT PANORAMABLICK

Bummeltour durch attraktive Landschaften: von der Ostküste Istriens, der Kvarner-Bucht, über das Učka-Gebirge in die kleinste Stadt der Welt. Die Strecke: Opatija–Učka–Hum–Roč–Buzet–Sovinjak–Cerovlje–Pazin–Gračišće–Plomin–Mošćenička Draga–Lovran–Opatija (140 km). Diese Tagestour lässt sich mit der ersten Route verbinden.

Wie ein mächtiger Schutzwall aus weißem Kalkgestein schotten die beiden Karstgebirgszüge **Ćićarija** und **Učka** die Halbinsel Istrien nach Norden vom kroatischen und slowenischen Binnenland, nach Osten zum Adriawasser der Kvarner-Bucht ab.

Üppige Palmen wachsen in den Gärten von **Opatija** *(S. 72)*. Im milden Klima des Seebades am Fuße des Učka-Gebirges kurten schon Kaiser und Könige. Auf den Berggipfeln können Sie frische Luft in freier Natur atmen und herrliche Ausblicke genießen: auf die Kvarner-Bucht mit der Hafenstadt Rijeka und auf die vorgelagerten Inseln Cres und Krk.

Etwa 3 km außerhalb des Zentrums von Opatija, in **Matulji,** zweigen zwei Straßen ab, die durch das Učka-Gebirge ins Landesinnere führen. Landschaftlich reizvoller verläuft die alte Straße durch **Veprinac** und windet sich hinauf zum **Poklonpass** auf 922 m Höhe. Vom dortigen Hotel kann man zu Fuß auf den 1401 m hohen **Vojak**, den höchsten Gipfel im Učka-Gebirge, wandern und den wunderbaren Blick aufs Meer genießen.

Hinter der Passhöhe windet sich die Straße in Serpentinen bergab. Zur rechten Seite erhebt sich das gewaltige **Ćićarija-Massiv.** Vor Ihnen liegen die grünen Hügel Zentralistriens. Noch etwa 18 km, dann zweigt der Weg nach **Hum** *(S. 45)* ab. In der kleinsten Stadt der Welt, zur Zeit ihrer Blüte eine stark befestigte Garnisonsstadt, stehen heute nur noch zehn Häuser.

10 km weiter erreichen Sie **Buzet** *(S. 44)*. Die von einer Wehrmauer umgebene Altstadt von Buzet liegt wie die meisten Ortschaften im Binnenland von Istrien auf einem Hügel am Fuße des **Ćićarija-Gebirges**. Von der Festungsmauer haben Sie einen schönen Blick ins **Tal der Mirna,** durch das die Landstraße nach **Buje** parallel zum Fluss verläuft.

Auf der Weiterfahrt sollten Sie genau hinschauen, denn der Wegweiser, der 4 km hinter **Buzet** in Richtung **Buje** die Abzweigung nach **Sovinjak** *(S. 46)* kennzeichnet, ist leicht zu übersehen. Wer diese enge, steile Straße hinauffährt, kennt meist den Weg. Nur Mut, es lohnt sich: Die nächsten 24 km über **Sovinjsko Polje, Prodani** und **Draguć** bis **Cerovlje** liefern Ihnen nicht nur die schönsten Panoramablicke. Insider Tipp Hier, weit weg vom Tourismus an der Küste, können Sie noch das ursprüngliche Istrien erleben, Menschen, die in ihrer Lebensweise mit der urwüchsigen Landschaft tief verwurzelt sind.

Von **Cerovlje** führt die Hauptstraße hinunter nach **Pazin** *(S. 43)*. Um zurück an die Kvarner-Bucht zu kommen, wählen Sie den Weg über das sehenswerte **Gračišće** *(S. 44)* nach **Plomin**. Die letzten 36 km bis **Opatija** folgen Sie der Küstenstraße, die sich auf einem schmalen Uferstreifen an den steilen Felswänden des **Učka-Gebirges** entlangschlängelt.

EIN TAG IN ROVINJ

Action pur und einmalige Erlebnisse.
Gehen Sie auf Tour mit unserem Szene-Scout

9:30 FRÜHSTÜCK FÜR DIE SINNE

Der Blick aus den Fenstern des *Café Piazza* im *Hotel Adriatic* entschädigt fürs Aufstehen. Wer dann noch die warmen Blätterteigtaschen mit Apfel oder Schafskäse probiert, gönnt seinen Geschmacksnerven einen Sinnesrausch. **WO?** *P. Budicin b.b., Rovinj | Tel. 052/80 35 10 | www.maistra.hr*

CAVEMAN 11:00

20 km nördlich ist am Limski kanal die geheimnisvolle Romualdo-Höhle zu entdecken. Vom Eingang, 150 m über dem Fjord, geht es mit Führer, Helm und Taschenlampe ins Innere des Bergs. **WO?** *Über die E751 Sv. Sv. Lovreč/ Bale bis zur Zufahrtsstraße des Limski kanal | Tel. 052/783 05 82 | Kosten: ca. 4 Euro | www.natura-histrica.hr*

12:15 AUSTERNVERKOSTUNG

Ein Luxusimbiss stärkt für kommende Aktivitäten: Auf der Terrasse des *Lim Fjord* gibt's direkt am Wasser frische Austern aus dem Limski kanal. **WO?** *Limski kanal 1, Sv. Lovreč | Tel. 052/44 82 22 | www.infoistra.com/fjord*

ACTION AUF DEM WASSER 13:00

Ab ins Auto und im 30 km entfernten Poreč die Nase in den Wind halten: An der Zugleine des größten Wasserskilifts der Adria durchs sprudelnde Wasser der *Plava Laguna* wirbeln und mit zerzaustem Haar elegant zum Strand zurückgleiten. Action pur! **WO?** *Zelenia Laguna, Poreč | Tel. 052/41 01 02 | www.plavalaguna.hr*

14:30 KLETTERN, FLIEGEN, SPRINGEN

Die Spannung steigt! Im nahen Adrenalinpark lassen sich Mut und Schwindelfreiheit beweisen. Beim *Flying Fox*, *Pamper Pole* und *Giant Swing* über Balken klettern, auf dem Hochseil balancieren und von Gerüsten springen. Keine Angst: Man ist natürlich gesichert! **WO?** *Buha d.o.o. Ive Andriča 56 Poreč | Voranmeldung unter Tel. 151/256 66 | Kosten: ca. 35 Euro/2 Std. | www.akros.si*

24 h

KAFFEEPAUSE AUF DER INSEL

16:30

Zurück nach Rovinj, per Fähre auf die Katarineninsel fahren und sich erstens auf den besten Apfelstrudel und zweitens auf die schönsten Strände Istriens freuen! Die Reihenfolge bleibt jedem selbst überlassen. Genuss pur in beiden Fällen! **WO?** *Hotel Katarina | Tel. 052/80 41 00 | Fahrtdauer ca. 10 Min. | Kosten: ca. 4 Euro*

18:30

CORSO UND SUNDOWNER

Pünktlich zum Sunset zurück in die Stadt. Wenn sich Wasser und Himmel rot färben, beobachtet man das Schauspiel am besten von der Meerespromenade. Beim *Corso*, dem trendigen Auf- und Abschlendern, zählt: sehen und gesehen werden. Danach bei Longdrinks und Loungemusik auf niedrigen Kissen im *Café Zanzibar* chillen. **WO?** *P. Budicin b.b., Rovinj | Tel. 052/81 32 06*

ZUM DINNER HOCH HINAUS

20:30

Direkt unterhalb der Euphemia-Kirche liegt das beste Fischrestaurant der Stadt: Im *Monte* frischen Seeteufel, Lachs oder Langusten genießen und mit perlendem Weißwein von der Insel Krk anstoßen. Als Beilage wird zu jedem Gang der atemberaubende Blick auf die Stadt serviert! **WO?** *Montalbano 75, Rovinj | Tel. 052/83 02 03 | www.monte.hr*

23:30

DANCE 'TIL DAWN

Kroatien clubbt spät! Frühestens ab Mitternacht wird im *Monvi Center* zu Techno und Elektro abgetanzt, im angeschlossenen Amphitheater gibt es oft chillige Open-Air-Konzerte. In jedem Fall aber lässt sich bis 6 Uhr morgens die Nacht zum Tag machen! **WO?** *L. Adamovica b.b., Rovinj | Tel. 052/54 51 17 | www.monvicenter.com*

> SPORTLICHE AKTIVITÄTEN RUND UMS JAHR

Hauptdarstellerin des Wassersports ist die Adria, doch wie wär's mal mit Hiken, Biken oder gar Skilaufen?

> Alpinski oder Wasserski? Im Hinterland der Kvarner-Bucht, im Gorski Kotar, surren noch die Skilifte, wenn an der Küste Wassersportler, Tennisspieler, Golfer, Wanderer und Mountainbiker bereits in die neue Saison starten. An der Adria vertreibt der Frühling den Winter spätestens Anfang März.

ANGELN

Kroatiens Küstengewässer sowie die Flüsse und Seen im Binnenland sind fischreich. Für den privaten Fischfang im Meer benötigen Sie einen Angelschein. Der wird Ihnen vor Ort in Geschäften für Angelzubehör ausgestellt (pro Tag ca. 60 Kuna). Sportanglern ist ein maximaler Fang von 5 kg Fisch und Meeresfrüchten am Tag erlaubt. Infos über zugelassene Ausrüstung: *www.croatia.hr.* Auch für das Angeln an Flüssen und Seen benötigen Sie eine Lizenz. Ein äußerst beliebtes Angelrevier sind die

Bild: Surfer vor Opatija

SPORT & AKTIVITÄTEN

fischreichen Flussläufe im Gorski Kotar. Von Sonnenuntergang bis Sonnenaufgang darf an Binnengewässern nicht gefischt werden.

BOOTSSPORT

Die Ostadria mit ihren über 1000 Inseln und Riffen ist ein Dorado für Freizeitkapitäne. Die knapp 50 Sportboothäfen entlang der kroatischen Küste verfügen über eine Kapazität von mehr als 12000 Liegeplätzen. Ein Drittel der Marinas befindet sich zwischen Umag und der Insel Pag, die meisten sind ganzjährig geöffnet. Informationen über Anmeldeformalitäten, Einfuhrbestimmungen und Regeln im Schiffsverkehr sowie über Yachtcharter und Segelschulen erteilt die *Kroatische Zentrale für Tourismus* oder der *Adriatic Croatia International Club (Tel. 051/27 12 88 | Fax 27 18 24 | www.aci-club.hr).*

Vor Istrien ist die Adria noch nicht so leer gefischt wie in anderen Abschnitten

GOLFEN

Der einzige Golfplatz an der kroatischen Küste befindet sich auf den Brijuni-Inseln *(9 Löcher | Tel. 052/52 58 07 | www.golfklub-pula.com)*. Weitere Plätze sind im Aufbau, darunter am Kap Savudrija das 18-Loch-Green des *Kempinski Adriatic* und ein *Driving Range* in Zelena Laguna bei Poreč.

RADSPORT & MOUNTAINBIKING

Der Radsport wird hier immer populärer. In mehreren Broschüren (zusammengefasst im viersprachigen „Istra Bike Atlas", erhältlich vor Ort im Buch- und Zeitschriftenhandel sowie bei den Tourismusverbänden) sind die schönsten Radrouten auf verkehrsarmen Straßen über die Halbinsel beschrieben. Die Broschüre „Mit dem Fahrrad durch Kvarner" (beim *Tourismusverband Kvarner | Tel. 051/ 27 29 88 | Fax 27 29 09 | www.kvarner.hr*) empfiehlt 20 kürzere Touren entlang der Küste und auf den Inseln sowie eine siebentägige Rundfahrt durch die gesamte Region Kvarner. Die hügeligen bis bergigen Strecken sollten Sie mit Tourenrädern oder Mountainbikes befahren. Nostalgisches Fahrvergnügen verspricht die Route *Parenzana* auf der Trasse der gleichnamigen Habsburger Schmalspurbahn. Teils am Meer entlang, dann durchs Landesinnere über alte Steinbrücken und Tunnels geht's rund 100 km von Triest über Izola ins kroatische Buje und über Grožnjan, Motovun nach Vižinada. Das erste Stück Triest–Koper und der letzte Abschnitt bis Poreč sind noch im Ausbau *(www.istria-bike.com)*.

Insider Tipp

REITEN

Das *Gestüt Lipica (Tel. 05/739 17 50 | www.lipica.org)*, eine knappe Autostunde von der slowenischen Küste entfernt, bietet außer täglichen Showvorführungen auch Reitunterricht für Anfänger und Fortgeschrittene sowie Dressurreiten in Wochenkursen an. Weitere Reitmöglichkeiten finden Sie in Umag, im Binnenland von Istrien und Kvarner sowie auf Lošinj.

Auskunft über die regionalen Tourismusverbände und www.croatia.hr.

SKISPORT

Dem kontinentalen Klima verdankt das Gorski Kotar seine frostigen Winter mit Eis und Schnee von Dezember bis in den April. Mehrere kleine Skizentren befinden sich in der waldreichen Mittelgebirgslandschaft eine Autostunde von der Kvarner-Küste entfernt. Im *Skigebiet Platak* (1111 m), das an den *Nationalpark Risnjak* grenzt, befördern drei Schlepplifte und ein Sessellift die Skifahrer zum 7,5 km langen Pistennetz. Für Langläufer sind 10 km Loipen gespurt. Außerdem gibt es eine Schule für Skilauf und Snowboarding sowie einen Verleih für Skiausrüstung und Schlitten. Auskunft: *Skigebiet Platak (Tel. 051/23 09 04 | www.platak.hr)* oder *Tourismusverband Kvarner (Tel. 051/27 29 88)*

TAUCHEN

Das saubere, oft glasklare Wasser der Adria reizt zur Erkundung von Flora und Fauna, Felsen, Unterwasserhöhlen oder alten Schiffswracks unter der Wasseroberfläche. Der Tauchsport boomt seit einigen Jahren an der kroatischen Küste. Inzwischen findet man in nahezu jedem Ferienort mindestens eine Tauchschule, im Gebiet Istrien/Kvarner sind es insgesamt weit über 30. Die besten Tauchgründe Istriens und des Kvarner sind im Internet auf der Website www.croatia.hr beschrieben. Taucher benötigen einen Taucherausweis. Der wird nur nach Vorlage einer Tauchqualifikation ausgestellt und kostet 100 Kuna für ein Jahr.

TENNIS

Tennisplätze (meist Sand) und Tennisschulen sind in allen Ferienorten zu finden, vor allem aber in Umag. Auf den Anlagen des renommierten *Niki-Pilić-Tenniscenters (Tel. 052/74 17 04)* wird alljährlich das ATP-Turnier „Croatia Open" ausgetragen.

WANDERN & BERGSTEIGEN

Auf vielerlei Wegen können Sie diese Ferienregion zu Fuß entdecken. Markierte und beschriebene Wanderwege und Bergkletterpfade finden Sie hauptsächlich an der Ostküste Istriens, in den Gebirgen Učka und Ćićarija sowie im Hinterland der Kvarner-Bucht mit ihren Berglandschaften Gorski Kotar, Velika Kapela und Velebit. Wenn Sie den Gipfel des *Risnjak* (1528 m), den höchsten Punkt im gleichnamigen Nationalpark, erklommen haben, liegt Ihnen bei klarer Sicht bis an die Alpen ganz Istrien und Kvarner zu Füßen. Auch über die Inseln Rab, Krk, Lošinj und Cres schlängeln sich Wanderpfade. Oft sind es Hirtenpfade und alte Dorfverbindungswege. In Kastav beginnt der *Europawanderweg E 6*, der die Adria mit der Ostsee verbindet.

Insider Tipp

WINDSURFEN

Wind- und Kitesurfen sind an den Küsten von Istrien und Kvarner sowie vor den Inseln überall möglich. Der Verleih von Surfausrüstung und Surfkurse werden in den meisten Ferienorten angeboten. Strömung und starke Winde am Südzipfel von Istrien sind für erfahrene Surfer eine willkommene Herausforderung (Infos unter *www.windsurfing.hr*).

> ADOPTIEREN SIE EINEN DELPHIN!

Pferde und Delphine, Wasserparks und Karneval, Tropfsteinhöhlen und Aquarien: Anregungen für den Urlaub mit Kindern

> Das warme Wasser ist so sauber und klar, dass man die Fische mit bloßem Auge beobachten kann. Aber sandige Küstenabschnitte wie in Portorož, in Crikvenica und Novi Vinodolski oder auf den Inseln Rab, Krk und Susak sind an der Ostadria die Ausnahme.

Seinen Reichtum an Meeresflora und -fauna verdankt die Küste gerade den oft steil abfallenden Felsstränden. Für Sonnenanbeter sind in den Ferienzentren Badeplateaus betoniert. Gefahrlos plantschen die kleinen Gäste in den Kinderbecken der Hotel- und Ferienanlagen.

In vielen Anlagen sowie auf größeren Campingplätzen animieren Spiel- und Sportprogramme Kinder und Jugendliche zum gemeinsamen Ferienerlebnis. Kinder sind überall in Kroatien und Slowenien gern gesehene Gäste, auch in den Restaurants. Vermehrt werden in den Hotels auch große Familienzimmer sowie Baby-

Bild: Am Hafen von Rovinj

MIT KINDERN REISEN

betten im Elternschlafzimmer angeboten. Individueller können Sie den Badeurlaub mit Kindern im Apartment einer Ferienanlage oder eines Privatvermieters gestalten.

SLOWENISCH-ISTRIEN

LIPIZZANERGESTÜT LIPICA [122 C2]

Alle Fohlen der weltberühmten weißen Lipizzaner sind grau. Am Tage stieben sie mit ihren Müttern ungestüm über die grünen Wiesen des Gestüts Lipica – ein beeindruckendes Bild. Das Gestüt kann ganzjährig besichtigt werden. Nach Voranmeldung besteht auch die Möglichkeit, selbst in den Sattel zu steigen. Reitkleidung ist jedoch mitzubringen. *April–Okt. Führungen tgl. 9–11 und 13–18 Uhr zu jeder vollen Stunde, Vorführungen der klassischen Reitschule Di, Mi, Fr und So um 15 Uhr, öffentliches Training der klassischen Reitschule Di–So 10–12 Uhr, im Winter seltener*

| 10 Euro, Kinder (7–15 Jahre) 5,50 Euro, mit Vorführung der klassischen Reitschule 17 bzw. 8,50 Euro, Kutschfahrten (1 Std., max. 4 Pers.) 40 Euro | Tel. 05/739 15 80 | www.lipica.org

Insider Tipp

MODELLEISENBAHNMUSEUM PARENZANA IN IZOLA [122 B3]

1902–35 verband sie Triest mit Koper, Izola, Motovun und Poreč, die Hügel hinauf im sagenhaften Tempo von 3 km/h: Geschichten um die Parenzana-Eisenbahn stehen im Mittelpunkt des kleinen Museums. Teilstücke der alten Trasse sind jetzt zum Spazier- und Radweg ausgebaut. *Di–So 9–13 Uhr | 2 Euro, Kinder 1,40 Euro | Alme vivode 7 | www.parenzanamuseum.si*

WASSERPARK LAGUNA BERNARDIN [122 A4]

Alles für alle unter einem Dach finden Sie in dem Hallenbadekomplex in Portorož mit Rutschen und Geysiren, Stromschnellen, Wasserwirbel und Unterwasserhöhle. In den beiden Kinderbassins können sich die Jüngsten auf der Wasserrutsche, an Wasserfällen und Sprudelquellen vergnügen. *Tgl. 7–21 Uhr | Mo–Fr 6 Euro, Kinder 4,50 Euro, Sa/So 8 Euro, Kinder 6,50 Euro | für Hotelgäste kostenlos | www.h-bernardin.si*

KROATISCH-ISTRIEN

AQUARIUM PULA [126 C5]

Auge in Auge mit Katzenhai, Seeigel und Co.: Die Unterwasserwelt der nördlichen Adria, ihre Flora und Fauna, ist im Aquarium in Pula zu sehen, das in den Räumen einer alten Festung untergebracht ist. Die Besichtigung mit Führung dauert ca. eine Stunde. *Sommer tgl. 9–22 Uhr | 30 Kuna, Kinder (3–7 Jahre) 15 Kuna | Fort Verudela in Verudela knapp 10 km südlich vom Stadtzentrum | www.aquarium.hr*

HÖHLEN BAREDINE [122 B6]

Geheimnisvolle Schatzkammer der Unterwelt: Skurril geformte Stalaktiten und Stalagmiten schmücken die fünf Hallen der Tropfsteinhöhle 8 km nordöstlich von Poreč. Im unterirdischen See leben Grottenolme und winzige Krebse. Den Schneemann, der die Fackel trägt, die Hirtin Milka oder das Standbild der Mutter Gottes: Es braucht nur ein wenig Phantasie, um den von der Natur über viele Jahrtausende geformten Skulpturenschmuck in der Tropfsteinhöhle Baredine zu deuten. Neben der Höhle kann man an einem Seil selbst die Technik des Erklimmens und Abseilens der Höhlenforscher ausprobieren.

Außerdem organisiert der Verein der Höhlenforscher aus Poreč *(Tel. 052/42 13 33 | www.baredine.com)* mehrstündige Exkursionen in attraktive Höhlen der Umgebung, auf denen die Teilnehmer mit den Grundlagen der Höhlenforschung und der Anwendung von technischem Gerät vertraut gemacht werden. *Juli/Aug. tgl. 9.30–18, Mai, Juni, Sept. 10–17 Uhr | 50 Kuna, Kinder 30 Kuna*

KÜSTE KVARNER

NATIONALPARK RISNJAK [124–125 C–D1]

Ein Tagesausflug ins Revier von Bären, Luchsen, Dachsen und Mardern macht Erwachsenen und Kindern Spaß. Informationen über den Nationalpark und seine Tier- und Pflanzenwelt bekommen Sie im Nationalparkhaus in Bijela Vodica bei Crni Lug. Hier beginnt auch der *Waldlehrpfad Leska,* ein 4200 m langer Rundwanderweg, der an zwölf Stationen auf Besonderheiten in der Landschaft hinweist. Auskunft: *Tourismusverband Kvarner | Tel. 051/27 29 88 | www.kvarner.hr*

Insider Tipp

SOMMERKARNEVAL IN NOVI VINODOLSKI [125 D5]

Im Juli feiert Novi Vinodolski seinen Sommerkarneval, der am Freitagabend immer mit einem großen Kinderkarneval beginnt. Am Samstagabend ziehen fröhliche Narren und Karnevalsgruppen in einem großen Umzug durch die Stadt. Aktuelle Termine finden Sie unter *www.tz-novi-vinodolski.hr*

Insider Tipp

INSELN KVARNER

TAG DER DELPHINE [128 B5]

Insider Tipp

Jedes erstes Wochenende im August widmet die Stadt Veli Lošinj diesen vom Aussterben bedrohten Meeresbewohnern einen „Tag der Delphine". Diese Aktion umfasst Ausstellungen von Kinderzeichnungen und Fotos, Kinderspiele, eine Diavorführung und Musik im Freien.

Sie können sogar selbst einen Delphin für 2050 Kuna pro Jahr adoptieren. Außer dem Zertifikat über die Adoption erhalten Sie ein Foto und einen Lebenslauf des Delphins sowie ein Handbuch über Delphine und ein mit Delphinen bedrucktes T-Shirt. Weitere Informationen über Delphine erhalten Sie auch in der Schutzstation in Veli Lošinj *(Kaštel 24 | Tel. 051/60 46 66 | www.blue-world.org)*.

Lassen Sie sich im Juli nicht den ausgelassenen Karneval von Novi Vinodolski entgehen

> VON ANREISE BIS ZOLL

Urlaub von Anfang bis Ende: die wichtigsten Adressen und Informationen für Ihre Reise nach Istrien und Kvarner

ANREISE

AUTO

Es gibt zwei Hauptrouten: München–Villach–Udine–Triest–Rijeka (rund 600 km) oder München–Villach–Ljubljana–Koper (rund 550 km). Die Autobahnen in Italien, Österreich, Kroatien und Slowenien sind gebührenpflichtig. In der Saison fahren Autozüge *(www.dbautozug.de)* u. a. ab Düsseldorf, Hamburg und Neu-Isenburg nach Villach und Triest.

BAHN

Mehrmals täglich fahren Züge aus Deutschland über Österreich und Slowenien nach Rijeka an der kroatischen Küste. Um an die slowenische Riviera zu gelangen, muss man in Ljubljana umsteigen. *www.bahn.de*

BUS

Aus Deutschland, Österreich und der Schweiz verkehren Linienbusse nach Ljubljana, Zagreb und Rijeka. Von dort Anschluss an das örtliche Busnetz. *www.deutsche-touring.com*

FLUGZEUG

Linienflüge aus Deutschland, Österreich und der Schweiz u. a. mit *Croatia Airlines (www.croatiaairlines.hr), Adria Airways (www.adria.si)* nach Zagreb und Ljubljana. Von Zagreb täglich Inlandsflüge nach Pula. Im Sommer außerdem Billig- und Char-

PRAKTISCHE HINWEISE

terflüge von *Tui fly* *(www.tuifly.com)* nach Krk, dem Flughafen von Rijeka.

SCHIFF

Zwischen Italien und Istrien/Kvarner fahren nur Personenfähren; in der Hochsaison Tragflügelboote der *Venezia Line* von Venedig nach Piran, Poreč, Rovinj, Pula, Rabac und Mali Lošinj *(www.venezialines.com).*

AUSKUNFT VOR DER REISE

KROATISCHE ZENTRALE FÜR TOURISMUS

– *Kaiserstr. 23, 60311 Frankfurt | Tel. 069/238 53 50 | Fax 23 85 35 20 | info@visitkroatien.de*

– *Am Hof 13, 1010 Wien | Tel. 01/ 585 38 84 | Fax 585 38 84 20 | office @kroatien.at*

– *Badenerstr. 332, 8004 Zürich | Tel. 043/336 20 30 | Fax 336 20 39 | info @kroatien-tourismus.ch*

– Kostenloses Infomaterial wie Hotel- und Campingverzeichnisse und eine sehr gute, topaktuelle Straßenkarte von Kroatien bekommt man in den Büros der Tourismusämter.

SLOWENISCHES FREMDENVERKEHRSAMT

– *Maximiliansplatz 12a, 80333 München | Tel. 089/29 16 12 02 | Fax 29 16 12 73 | info@slovenia.info*

– *Opernring 1, 1010 Wien | Tel. 01/ 715 40 10 | Fax 713 81 77 | info@ slovenia.info*

– *Lerchenstr. 16, Zürich | Tel. 043/ 344 32 32 | Fax 344 32 33 | slowe nien@uniquetravel.ch*

AUSKUNFT IN ISTRIEN & KVARNER

SLOWENISCH-ISTRIEN

Obala 16, 6320 Portorož | Tel. 05/ 674 82 60 | Fax 674 82 61 | www.portoroz.si

KROATISCH-ISTRIEN

Tourismusverband Istrien | Pionirska 1, 52440 Poreč | Tel. 052/45 27 97 | Fax 45 27 96 | www.istra.com

Blick von Krk aus auf die Insel Prvić

KVARNER-BUCHT

Tourismusverband der Region Kvarner | N. Tesle 2, 51410 Opatija | Tel. 051/27 29 88 | Fax 27 29 09 | www.kvarner.hr

AUTO

Nationale Zulassung und Führerschein genügen. Die internationale Grüne Versicherungskarte ist nur für Kroatien vorgeschrieben. Wenn Sie

WAS KOSTET WIE VIEL?

WEIN	AB 1 EURO	für ein Glas Wein
IMBISS	1,50 EURO	für ein Stück Pizza
EDELFISCH	40–60 EURO	für ein kg Frischfisch
LIEGESTUHL	3,50–7 EURO	Mietpreis pro Tag
FAHRRAD	3 EURO	Mietpreis pro Stunde
BENZIN	UM 1 EURO	für 1 l Super bleifrei

nicht mit dem eigenen Fahrzeug nach Kroatien einreisen, benötigen Sie eine Vollmacht des Halters.

Geschwindigkeitsbegrenzung: innerorts 50, außerorts 90, Schnellstraßen 110, Autobahnen 130 km/h; Gespanne außerhalb von Ortschaften 80 km/h. Promillegrenze: 0,5. Tagsüber ist das Abblendlicht einzuschalten, in Kroatien gilt diese Vorschrift nur in der Winterzeit. Während des Überholens müssen Sie ununterbrochen blinken. Das Passieren von haltenden Schulbussen ist verboten. Ebenso das Telefonieren ohne Freisprechanlage.

Jeden Unfall müssen Sie der Polizei melden, die eine Bestätigung des Schadens ausstellt, um eventuelle Probleme bei der Ausreise zu vermeiden.

In beiden Ländern gibt es ein gut ausgebautes Netz von Servicestationen und Tankstellen; alle Kraftstoffsorten sind ausreichend und in EU-Qualität vorhanden. Die Autobahnbenutzung ist gebührenpflichtig. HAK (Kroatien) und AMZS (Slowenien), die beiden nationalen Pannenhilfsdienste, sind 24 Stunden im Einsatz, *Tel. 987*.

BANKEN & KREDITKARTEN

Es gibt keine einheitlich geregelten Öffnungszeiten, häufig sind die Banken *Mo–Fr 7–18, Sa 8–12 Uhr* (Kroatien) bzw. *Mo–Fr 8.30–12.30 und 14–16.30, Sa 8.30–12 Uhr* (Slowenien) geöffnet. In den Touristenorten finden Sie Geldautomaten, an denen Sie Bargeld per ec-Karte abheben können. Alle gängigen Kreditkarten werden in vielen Hotels, Restaurants, Geschäften und Tankstellen akzeptiert. Geldumtausch in Kroatien ist in Wechselstuben oftmals am günstigsten. Bei größerer Summen lohnt ein Preisvergleich der Kurse und Gebühren.

BUS

Linienbusnetz im Nah- und Fernbereich entlang der Küste und zu den Kvarner-Inseln. Die größtenteils modernen Autobusse verkehren regelmäßig und häufig, die Fahrpreise sind niedrig. Die Busse sind somit eine gute Alternative für Ausflüge ohne Parkplatzproblem. *www.bahnen-und-busse.de*

CAMPING

Wildes Campen ist verboten, ebenso das Übernachten an Straßen, auf Park- oder Rastplätzen. Istrien und Kvarner sind Hochburgen des Campingtourismus. In den letzten Jahren sind große Summen in die Modernisierung der Anlagen investiert worden. Die beste und gepflegteste Ausstattung findet man in dem knappen Dutzend FKK-Anlagen. *www.camping.hr*

DIPLOMATISCHE VERTRETUNGEN

DEUTSCHE BOTSCHAFT

– Prešernova cesta 27, Ljubljana | Tel. 01/479 03 00 | Fax 425 08 99
– Ulica Grada Vukovara 64, Zagreb | Tel. 01/630 01 00 | Fax 615 55 36

ÖSTERREICHISCHE BOTSCHAFT

– Prešernova cesta 23, Ljubljana | Tel. 01/479 07 00 | Fax 252 17 17
– Jabukovac 39, Zagreb | Tel. 01/488 10 50 | Fax 483 44 61

SCHWEIZER BOTSCHAFT

– Trg republike 3/VI, Ljubljana | Tel. 01/200 86 40 | Fax 200 86 69
– Bogovićeva 3, Zagreb | Tel. 01/487 88 00 | Fax 481 08 90

EINREISE

Bürger der EU und der Schweiz benötigen für die Einreise nach Kroatien einen gültigen Personalausweis oder Reisepass. Kinder unter 16 Jahren können im Elternpass eingetragen sein, sofern sie keinen Kinderausweis besitzen. Für Slowenien genügt ein Personalausweis.

FÄHREN

Da für die Regionalfähren zwischen dem Festland und den Inseln keine Platzreservierung möglich ist, sollten Autofahrer sich rechtzeitig vor Abfahrt des Schiffes einfinden. In der Hochsaison verkehren die meisten Fährschiffe im Shuttledienst; dennoch ist mit teils stundenlangen Wartezeiten zu rechnen. Aktuelle Infos über die Abfahrtszeiten unter *www.jadrolinija.hr* und *www.rapska-plovidba.hr* (Fähren Festland–Rab). Achtung: Einige Linien gibt es nur in den Sommermonaten!

FOTOGRAFIEREN

Fotomaterial wird in Slowenien und Kroatien überall angeboten, aber zu etwas höheren Preisen als zu Hause. In den meisten Urlaubsorten finden Sie auch Läden, in denen Sie Ihre Digitalbilder ausdrucken bzw. auf CD brennen lassen können.

WÄHRUNGSRECHNER

€	KUNA	KUNA	€
1	7,45	10	1,33
2	14,80	20	2,65
3	22,30	25	3,30
5	37,20	30	4,00
7	52,00	50	6,70
10	74,50	75	10,00
15	112,00	100	13,30
25	186,00	300	40,00
75	558,00	600	80,00

GESUNDHEIT

Es gibt überall Apotheken und Deutsch oder Englisch sprechende Ärzte. Die Adressen erfahren Sie in Ihrem Hotel, bei den örtlichen Vertretern der Reiseveranstalter oder in den Büros der Touristinformation. In Slowenien wird die europäische Krankenversicherungskarte akzeptiert, sodass die Behandlung kostenlos erfolgt oder sofort nach der Rückkehr erstattet werden kann. Für Kroatien empfiehlt sich der Abschluss einer Reisekrankenversicherung, die die Gesamtsumme sowie einen eventuellen Krankenrücktransport abdeckt.

INTERNET

Webseiten mit umfassenden touristischen Informationen sind *www.croatia.hr* (Kroatien), *www.histrica.com* und *www.istra.com* (Istrien), *www.kvarner.hr* (Kvarner-Golf und Inseln) sowie *www.slovenia.info* (Slowenien). Auf *www.kroatien-links.de* finden Sie touristische Infos und Verweise auf andere Webseiten sowie Hintergründe zu Geschichte und Kultur, auf *www.jadrolinija.hr* die Fahrpläne der Küstenschiffe. Über Wetter und Wassertemperaturen informieren *www.wetteronline.de* und *www.wetter.com*.

INTERNETCAFÉS

Internetcafés finden Sie zahlreich in allen Städten sowie in den meisten Ferienorten an der Küste und auf den Inseln.

MIETWAGEN

In allen größeren Ferienorten kann man Autos von internationalen oder nationalen Leihfirmen mieten. Mindestalter des Fahrzeugmieters 21, bei manchen Unternehmen 25 Jahre und drei Jahre Fahrpraxis. Preisbeispiel: VW Polo ohne Kilometerbegrenzung rund 50 Euro pro Tag.

NOTRUFE

KROATIEN

Feuerwehr *(vatrogasci): 93;* Polizei *(policija): 92;* Rettung *(hitna pomoć): 94;* Pannennotdienst: *987;* ADAC-Notruf in Zagreb (deutschsprachig): *Tel. 01/344 06 50*

SLOWENIEN

Feuerwehr *(gasilci): 112;* Polizei *(policija): 113;* Rettung *(rešilni): 112*; Pannennotdienst: *987;* ADAC-Notruf in Zagreb (deutschsprachig), ist auch für Slowenien zuständig: *Tel. 003851/344 06 50*

ÖFFNUNGSZEITEN

Es gibt keine festen Ladenschlusszeiten. In den Tourismuszentren sind viele Läden *tgl. 7–12 und 16–20 Uhr* geöffnet, in den Städten meist *Mo–Fr 8–19, Sa 8–13 Uhr.*

PAUSCHALREISEN

Pauschal gebuchte Übernachtungen mit Verpflegung und Flug sind meist um einiges preisgünstiger als das gleiche Angebot individuell gebucht. Zusätzlich erhebliche Preisnachlässe außerhalb der Hochsaison von Mitte Juli bis Ende August.

POST

Öffnungszeiten der Postämter: Kroatien: *Mo–Fr 7–19 Uhr, Sa 8–13 Uhr;* Slowenien: *Mo–Fr 8–18 Uhr, Sa 8–12 Uhr.* Das Porto für eine Postkarte ins europäische Ausland beträgt in Kroatien 3,50 Kuna, in Slowenien 40 Cent.

REISEZEIT

Die Hauptsaison mit den höchsten Preisen in den Hotels und Restaurants fällt in die Ferienmonate Juli und August. Die schönsten Reisezeiten sind jedoch Mitte Mai bis Ende Juni, wenn alles blüht, und September/Oktober, wenn die Sommerhitze abklingt, die Adria aber noch gute Badetemperaturen aufweist. Beliebte Winterdomizile sind die klimatisch begünstigten Seebäder Opatija und Portorož sowie die Inseln Lošinj und Rab.

PRAKTISCHE HINWEISE

TELEFON & HANDY

Kroatien und Slowenien verfügen über ein modernes Telefonnetz. Am günstigsten telefonieren Sie mit einer Telefonkarte aus der Zelle. Vorwahlen: Kroatien *00385,* Slowenien *00386,* Deutschland *0049,* Österreich *0043,* Schweiz *0041.*

Cronet (Vorwahl 098) und *Vipnet* (091) betreiben in Kroatien ein nahezu flächendeckendes Mobilfunknetz, in Slowenien ist *Mobitel* (041) Marktführer. Roamingabkommen mit den meisten deutschen Providern stellen sicher, dass deutsche Handys problemlos genutzt werden können. Hohe Kosten verursacht die Mailbox – besser abschalten!

TRINKGELD

Guten Service sollten Sie angemessen honorieren, im Restaurant mit etwa fünf bis zehn Prozent des Rechnungsbetrages.

UMSATZSTEUER

Ausländischen Staatsbürgern wird die Umsatzsteuer für in Kroatien gekaufte Waren im Wert von mehr als 500 Kuna gegen Vorlage eines *Tax Cheque,* der bei der Ausreise an der Grenze bestätigt werden muss, zurückerstattet. Ausgenommen sind Zigaretten und Alkoholika.

ZOLL

Zollfrei sind bei Einreise nach Kroatien ebenso wie bei Rückkehr in die EU u. a. 1 l Spirituosen, 2 l Wein, 50 g Parfum, 200 Zigaretten und sonstige Waren im Wert bis zu 300 Kuna. Bargeld im Gegenwert von über 40 000 Kuna muss bei Ein- und Ausreise angemeldet werden. Bei der Einreise nach Slowenien aus Kroatien gelten die gleichen Freimengen. Bei Ein- und Ausreise innerhalb der EU gelten die üblichen Freimengen, u. a. 90 l Wein, 10 l Spirituosen, 800 Zigaretten.

WETTER IN PULA

	Jan.	Feb.	März	April	Mai	Juni	Juli	Aug.	Sept.	Okt.	Nov.	Dez.
Tagestemperaturen in °C	5	6	7	12	17	21	24	23	20	15	10	7
Nachttemperaturen in °C	2	2	5	8	13	16	19	18	16	12	7	4
Sonnenschein Std./Tag	3	4	5	7	8	10	11	10	8	6	3	3
Niederschlag Tage/Monat	7	6	7	6	7	5	4	4	5	7	9	8
Wassertemperaturen in °C	11	10	11	13	17	21	23	24	22	18	15	13

> GOVORIŠ LI HRVATSKI?

„Sprichst du Kroatisch?" Dieser Sprachführer hilft Ihnen, die wichtigsten Wörter und Sätze auf Kroatisch zu sagen

Aussprache

Das Slowenische und das Kroatische sind zwei eng verwandte Sprachen, vergleichbar mit Deutsch und Schweizerdeutsch. Beide werden in der Regel so ausgesprochen, wie sie geschrieben werden. Hier einige Besonderheiten:

z wie ein stimmhaftes s, z. B. in **S**onne

v wie w

s immer stimmlos

č – tsch wie in **Tsch**eche; **ć** – zwischen tch und tsch, wie in Hü**tch**en (nur kroatisch);

š – stimmloses sch wie in **sch**ön

ž – dsch wie in **Dsch**ungel

Alle Vokale sind offen und müssen in jeder Stellung deutlich ausgesprochen werden. Bei Vokalverbindungen ist jeder einzelne Vokal hörbar: reuma = re-u-ma.

Das silbenbildende **r** muss ebenfalls deutlich ausgesprochen werden: v**r**ba.

Bei der Aneinanderreihung mehrerer Konsonanten, z.B. in Krk, werden die Konsonanten stimmhaft gesprochen, als stecke ein angedeuteter Vokal zwischen ihnen, also Kerk. Auch werden Konsonanten immer gleich ausgesprochen: le**d** – Eis (d, nicht t), bo**g** – Gott (g, nicht k).

Zweisilbige Wörter werden auf der ersten Silbe betont, bei mehrsilbigen Wörtern ist die betonte Silbe durch einen Punkt gekennzeichnet.

Abkürzungen: *ugs* = umgangssprachlich; *f* = weibliche Sprecherin

AUF EINEN BLICK

Ja./Nein./Vielleicht.	Da./Ne./Možda.
Bitte.	Molim.
Danke.	Hvala.
Gern geschehen.	Vrlo rado.
Entschuldigung!	Oprọstite! Pardon!
Wie bitte?	Molim?
Ich verstehe Sie/dich nicht.	Ne razụmijem Vas/te.
Ich spreche nur wenig …	Gọvorim samo malo …
Können Sie mir bitte helfen?	Molim Vas mọzete li mi pọmoći?
Ich möchte …	Htio (Htjela *f*) bih …
Das gefällt mir (nicht).	To mi se (ne) sviđa.
Haben Sie …?	Ịmate li …?
Wie viel kostet es?	Kọliko stoji (*ugs* košta)?
Wie viel Uhr ist es?	Kọliko je sati?

> www.marcopolo.de/kroatienkueste-ik

SPRACHFÜHRER KROATISCH

KENNENLERNEN

Guten Morgen!	Dobro jutro!
Guten Tag!	Dobar dan!
Guten Abend!	Dobra večer!
Hallo! Grüß dich!	Halo! (*ugs* Bok!)
Mein Name ist .../	Moje ime je .../
Ich heiße ...	Zovem se ...
Wie ist Ihr Name, bitte?	Kako Vam je ime, molim?
Wie geht es Ihnen/dir?	Kako ste/si?
Danke. Und Ihnen/dir?	Hvala. A Vi/ti?
Auf Wiedersehen!	Do viđẹnja!
Tschüss!	Zdravo! (*ugs* Bok!/Adio!)
Bis bald!	Do skorog viđẹnja!

UNTERWEGS

AUSKUNFT

links/rechts/geradeaus	lijẹvo/desno/ravno
nah/weit	blizu/dalẹko
Bitte, wo ist ...?	Molim Vas, gdje je ...?
Wie weit ist das?	Kọliko je to dalẹko?
Ich möchte für ... Tage/	Htio (Htjelạ *f*) bih za ... dana/jedan
eine Woche ... mieten.	tjedan unạjmiti ...
... einen Wagen	... kola/auto.
... ein Motorrad	... motor/motocịkl.
... einen Motorroller	... skuter/vespu.
... ein Fahrrad	... bicịkl.
Zum Bahnhof/Fährhafen.	Na kọlodvor/trajektno luko.

PANNE

Ich habe eine Panne.	Imam kvar (*ugs* defekt)
Schicken Sie mir bitte einen	Molim Vas da li biste mi pọslali
Mechaniker/Abschleppwagen?	mehạničara/vučno vọzilo?
Wo ist in der Nähe eine Werkstatt?	Gdje ima u blizịni neka radiọnica?

TANKSTELLE

Wo ist bitte die nächste Tankstelle?	Molim Vas gdje je nạjbliža bẹnzinska stạnica?
Ich möchte ... Liter ...	Molim ... lịtara ...
... Super/Diesel.	... sụpera/dịzela.
... Bleifrei/Verbleit/	... bez ọlova/s ọlovom/
Volltanken, bitte.	Nạpunite, molim.

UNFALL

Hilfe!	Ụ pomoć!
Es ist ein Unfall passiert.	Dogọdila se nẹsreća.
Rufen Sie bitte schnell …	Molim Vas pozọvite brzo …
… einen Krankenwagen.	… vọzilo hitne pọmoći.
… die Polizei.	… polịciju.
… die Feuerwehr.	… vatrogạsce.
Haben Sie Verbandszeug?	Ịmate li pribor za previj̣anje?
Es war meine/Ihre Schuld	Bila je moja/Vaša krivịca.
Geben Sie mir bitte Ihren Namen und Ihre Anschrift/ Namen und Anschrift Ihrer Versicherung.	Dajte mi, molim Vas, Vaše ime i adrẹsu/ ime i adrẹsu Vašeg osigur ạnja.

ESSEN & TRINKEN

Wo gibt es hier …	Gdje se nạlazi …
… ein gutes Restaurant?	… neki dobar restọran?
… mit Hausspezialitäten?	… s dọmaćim specijalitẹtima?
… ein nicht zu teures Restaurant?	… neki jeftịniji restọran?
Wo kann man hier in der Nähe gut/preiswert essen?	Gdje se može u blizịni dobro/jẹftino jesti?
Reservieren Sie uns bitte für heute Abend einen Tisch für vier Personen.	Molim Vas rezẹrvirajte nam za veĕras stol za čẹtiri ọsobe.
Auf Ihr/dein Wohl!	Nạ zdravlje!
Bezahlen, bitte.	Plạtiti, molim.

EINKAUFEN

Wo finde ich …?	Gdje mogu naći …?
… eine Apotheke	… ljẹkarnu, apotẹku
… eine Bäckerei	… pẹkaru
… eine Drogerie	… drogẹriju
… Fotoartikel	… fotọpribor
… ein Lebensmittelgeschäft	… tṛgovinu nạmirnicama
… einen Markt	… tṛžnica

ÜBERNACHTEN

Können Sie mir bitte … empfehlen?	Molim Vas mọžete li mi preporụčiti …?
… ein gutes Hotel	… dobar hotel?
… eine Pension	… neki penzịon?
Haben Sie noch Zimmer frei?	Ịmate li još slọbodnih soba?

> ***www.marcopolo.de/kroatienkueste-ik***

… für eine Nacht	… za jednu noć
… für eine Woche	… za jedan tjedan
… ein Einzelzimmer	… jẹdnokrevetnu sobu
… ein Zweibettzimmer	… dvọkrevetnu sobu
… mit Bad	… s kupaọnicom
… mit Blick aufs Meer	… s pọgledom na more
Was kostet das Zimmer mit …	Kọliko stoji/košta soba s …
… Frühstück?	… dọručkom?
… Halbpension?	… pọlupenziọnom?

PRAKTISCHE INFORMATIONEN

Können Sie mir einen guten Arzt empfehlen?	Mọžete li mi preporụčiti dobrog liječnika?
Ich habe Fieber.	Imam temperatụru.
Ich habe Kopfschmerzen.	Boli me glava.
Ich habe Zahnschmerzen.	Imam zubọbolju.
Wo ist hier bitte …	Molim Vas gdje je tu neka …
… eine Bank?	… banka?
… eine Wechselstube?	… mjẹnjačnica?
Was kostet …	Kọliko stoji/košta …
… ein Brief …	… pismo …
… eine Postkarte …	… dọpisnica …
nach Deutschland?	za Njẹmačku?

ZAHLEN

0	nula, nịštica
1	jedan (jedna f, jedno n)
2	dva (dvije f)
3	tri
4	čẹtiri
5	pet
6	šest
7	sedam
8	osam
9	devet
10	deset
11	jedạnaest
12	dvạnaest
13	trịnaest
14	četṛnaest
15	pẹtnaest
16	šẹsnaest
17	sedạmnaest
18	osạmnaest
19	devẹtnaest
20	dvạdeset
21	dvạdeset jedan
22	dvạdeset dva
30	trịdeset
40	četrdẹset
50	pedạset
60	šezdẹset
70	sedamdẹset
80	osamdẹset
90	devedẹset
100	sto, stọtina
200	dvjesto, dvjesta
1000	tịsuća
2000	dvije tịsu´ce
10000	deset tịsu´ca
1/2	polọvina […]
1/4	četvṛtina […]

Hafenstädtchen Bakar nahe Rijeka

> UNTERWEGS IN ISTRIEN UND KVARNER

Die Seiteneinteilung für den Reiseatlas finden Sie auf dem hinteren Umschlag dieses Reiseführers

REISE ATLAS

A
B
C
1
2
3
4
5
6
SLOVENIJA
ITALIA
S. Canzian d'Isonzo
MONFALCONE
Bistrigna
Cá Messénio
Marina Julia
Casa Riva Lunga
F. Isonzo
5 km
Duino
Duíno
Sistiana
M.Ermada
Ceroglie
d.Ermada
Precenico
Golfo di Panzano
Aurisina
Fossalón
Golometto
Foce dell'Isonzo
Bocca di Primero
Grado
Lignano
Golfo di Trieste
Cast.di Miramare
Grignano
BÁRCOLA
Faro D.Vittória
TRIESTE
S.Giusto
Castello
Prosecco
Opicina
Banne
Trebiciano
Padriciano
Longera
Basovizza
Lipica
Sežana
Fernetiči
Orlek
Monrupino
Grotta Gigante
Autoporto Slovenia
Rupinpicc.
Rupingrande
Salince
Sgonico
Samatorza
M.Coste
Sales
Jarovca
Ternovo
S.Croce
Gorjansko
Brje pri Komnu
Kregolišče
V.Dol
Pliskovica
Krajna vas
Dutovlje
Tomaj
Kreplje
Kopriva
Skopo
Dobravlje
Ponikve
Coljava
Volčji Grad
Windstr.
Križ
Sežana-vzhod
Báia di Múggia
Lazzaretto
S.Rocco
Muggia
Aquilinia
S.Antonio in Bosco
S. Dorligo d.Valle
Hrvatini
Rabuiese
Kastelec
Ankaran
Elerji
Škofije
Osp
Tinjan
Črni Kal
Mozar
Koprski Zaliv
Koper
Izola
Da Pont
Bertoki
Pobegi
Dekani
Cežarji
Rižana
Loka
Kubed
Sv. Anton
Semedela
Šmarje
Vanganel
Sabadini
Babiči
Marezige
Gračišće
Bočaji
Trsek
Butari
Boršt
Koštabona
Pomjan
Labor
Puče
Dragonja
Topolovec
Sočerga
Brezovica
Pregara
Abitanti
Kućibreg
Vrnjak
Bazuje
Kuberton
Čepić
V.Reparac
Collalto
Brda
Momjan
Kremenje
Novi Brič
Brič
Krkavče
Sv. Peter
Padna
Skocjariski Zarok
Korte
Šared
Malija
Gažon
Segadici
Jagodje
Renkaldo
Dobrava
Strunjan
Piran
Rt.Madona
Fjesa
Lucija
Portorož
Seča
Piranski Zaliv
Parecag
Sečovlje
Sečoveljske Soline
H. Savudrija
Savudrija
Crveni Vrh
Zambratija
Valica
Fratrići
Sosi
Murine
Kmeti
Kaldanija
Umag
Luka Umag
Vilanija
Petrovija
Montrin
Gamboci
Buje
Triban
Marušići
Sveti Pelegrin
Eeget
Juricani
Čakinji
Kršete
Potok
Lovrečica
Buroli
Radini
Brtonigla
Kastanjari
Krasica
Jadranska Magistrala
Martinčići
Makovci
Oprtalj Portole
Sv. Ivan
Sveta Lucija
Žnjidarici
Zrenj
Grožnjan Grisignana
Kostanjica
Antonci
Livade
Punta
Nova-Vas
Lozari
Sažoni
Srbani
Karigador
Ladin Gai
Luka Dajla
Dajla
Kostanjija
Bužinija
Novigrad
Luka Mirna
Antenal
Mirna
Cerjani
Baldaši
Lašići
Stanišić
Kranjčići
Korlevići
Kovači
Rogovići
Perci
Labinci
Tar
Vabriga
Rt. Zub
Santa Marina
Luka Črvar
Rt. Soline
Cervar Porat
Rošini
Kolumbera
Jama Baredine
Višnjan
Nova Vas
Stranići
Vranići
Antonci
Eufrazijefa basilika
Poreč
Prkovići
Bačva
Košutići
Žudetići
Mastelići
Bajkini
Vižinada
Ferenci
Brlg
Vranići
Štuti
Prhati
Kurjavići
Rapavel
Fabci
Muntrilj
Majkusi
Motovun
Bartol
Brkač
Kaldir
Laze
Karojba
Motovunski Novaki
Pilati
Škropeti
Frankovići
Brajkovići
Šurani
Katun
Trviž
Bataja
Mofrini
Butoniga
Venézia
Durrës
Poreč
Cesenatico, Ravenna
Trieste
Zaliv
A4
E70
E751
A3
H5
111
10
11
200
21
300
301
9
23
44
48
202
204
208
58
2010

126

D
E
F
1
2
3
4
5
6
Podraga
Štjak
Podnanos
Lozice
Poljane
Vrabče
V.Polje
Žagar
Kazlje
Štorje
V.Ognjivec
636
Dolenja vas
Podbreže
Senadole
Brestovica
Povir
Povir
Divača
Divaška jama
Lokev
V. Gradišče
741
Sv. Tomaž
Vrhpolje
Kozina
Kozina
Hrpelje
Rodik
Slope
Rožice
Materija
Prešnica
Petrinje
Podgorski kras
912
Skadanščina
Slavnik
1028
Praproče
Podgorje
M.Gržan
851
V.Vrata
908
(761)
Golac
Zazid
Golič
890
Rakitovec
Movraž
Jelvoice
Žbevnica
1014
Kropinjak
Perci
Štrped
Salež
Sveti Martin
Buzet
Sveti Donat
Marinci
Sovinjak
Penićići
Pračana
Prodani
Vrh
Martinci
Klarići
Kuhari
Krušvari
Marčenigla
Oslići
Juradi
Ećulci
Dragući
Jez. Butoniga
Dragućki P.
Grimalda
Ukotići
Gržani
Kašćerga
Kršikla
Pagubice
Bravari
Smrikovac
389
Grdoselo
Cerovlje
Cerovlje
Sajkovići
Novaki Pazinski
Purgar
410
Bani
Beram
Pazin
Ivoli
Šestani
Lindar
Čusi
Laniški Vrh
1247
Suhi vrh
1313
Strane
V.Ubeljsko
Razdrto
Razdrto
Brezje
Razcep Razdrto
Slavinje
Hruševje
Laže
Senožeče
Senožeče
Razcep Gabrk
D.Ležeče
Risnik
Matavun
Škocjanske jame
Slatna
914
Vremščica
1027
Davganov vrh
832
Volče
Košana
G. Ležeče
D. Vreme
G. Vreme
Zavrhek
Kačiče-Pared
Podgrad pri Vremah
Barka
Gmajna
693
Misliče
Artviže
Kozjane
Brkini
768
Golači hrib
Mrše
Tatre
Rjavče
Kovčice
Markovščina
Matarsko Podolje
Gradišče
Obrov
Štrped
732
625
Javorje
Hrušica
Podgrad
Poljane pri Podgradu
712
Glavičorka
1082
Vodice
Siljevac
819
Dane
Ribnik
1023
SLOVENIJA
HRVATSKA
Ćićarija
Gomila
1026
Trstenik
Klenovšćak
Rašpor
Veli vrh
627
Gor. Nugla
Prapoče
Osoje
Račja Vas
Podgače
Roč
Ćiritež
Kompanj
Aleja glagoljaša
Hum
Gradac
455
Ročko Polje
Lupoglav
Lupoglav
Erkovčići
Lešiščina
Gamberi
Borut
Lovrinčići
Boljun
Paz
Trdošjavići
Belaj
Gologorica
Barevica
333
Kranjčići
Grobnik
Letaj
Sušnjevica
Nova vas
Windstr.
Landol
Goriče
Hrašče
Postojnska jama
Studenec
Orehek
Rakulik
Prestranek
Ravnik
Slavina
Kaludernik
747
Petelinje
Pivka
Neverke
Kal
Nova Sušica
Straže
588
Ribnica
Ostrožno Brdo
Prelože
Pregarje
(715)
Tominje
Podbeže
Sabonje
Račice
Starod
Kovnica
901
744
Male Mune
Vele Mune
Žejane
Čemerin
885
Orljak
1106
1112
Lanišće
Brgudac
784
Pristava
V.Planik
2016
Dolenja Vas
Brest pod Učkom
Vranja
Vranja
Tunel Učka
5062m
Vela Učka
Mandići
PP
Učka
Pivka jama
V. Otok
Zalog
Postojna
Postojna
(550)
Ravbarkomanda
Rakitnik
Matenja vas
Selce
Windstr.
Kilovče
Narin
754
Grmada
Mereče
Prem
Topolc
469
Zarečje
Harije
Bukovica
Studena Gora
V. Brdo
Dolenje pri Jelšanah
Brdce
Pasjak
Orljak
691
Čerovica
841
Zelše
Kotliči
Kalič
Rakov Škocjan
V.Javornik
1268
Javorniki
Gadovec
972
Debeli Vrh
888
Debela gora
1076
Petelinjsko j.
Sušjak
883
606
Palško j.
886
Palčje
Klenik
Parje
Drskovče
Juršče
Zagorje
Bač
Stražca
850
Knežak
Koritnice
(610)
Sembije
Windstraße
V. Milanja
1099
Klobuk
843
Ilirska Bistrica
(407)
Jasen
Bistriška bajta
Koseze
M.
Jablanica
G. Zemon
Trpčane
Jelšane
Trebez
660
Novokrač
Betuli
Rupa
Rupa
Lipa
Pliševica
771
481
Travan
Veli Brgud
Permani
Zvoneće
Brešca
Vitonja
511
Ružići
415
Mučići
Gomila
1241
Lisina
Kriva
Kučeli
Jurdani
Crni Vrh
1031
Matulji
Rukavac
Mahen vrh
1144
1095
Bregi
Veprinac
Savroni
Opatija
Ičići
Ika
Dobreć
Antići
Lovran
Vojak
1401
Učka
Sušl Vrh
1332
Lovranska Draga
Medveja
Sv.Anton
Mošćenička-Draga
A1
E70
E61
E751
445
446
205
405
409
404
500
22
17
16
10
43
44
2
7
8
6
21
201
12
127

A
B
C
123
128
SLOVENIJA
HRVATSKA
Gomance
Dolenje pri Jelšanah
Jelšane
Pasjak
Novokračine
Rupa
Sušak
Kukulj
Orljak
691
Lipa
940
Plišivica
771
Škalnica
Laze
Pilana
Klana
Travan
481
E61
Veli Brgud
Permani
584
Travnik
Vitonja
511
Breza
Studena
Izvor Rječine
Zvoneće
Brešca
Ružići
16
415
Mučići
540
Marčelji
348
Rječina
Zoretići
Lisina
17
Kriva
Brnčići
Kučeli
Jurdani
Kastav
Viškovo
Šaršoni
Lukeži
Crni Vrh
1031
Matulji
Marinići
Grobnik
PP Učka
Rukavac
Diračje
Škurinje
Bregi
Veprinac
Volosko
Zamet
Savroni
1095
Opatija
RIJEKA
Trsat
Sušak
Brlog
1311
1454
V.Tisovac
1199
Buča
1113
Donji Medvejci
1481
Trestnik
Škč
Lividraga
V.reginšček
1145
G
o
r
s
k
Obruč
1376
Fratar
1353
Sljeme
1263
V.rija
1170
Draga
758
Snježnik
1505
Nacionalni-park Risn
Jasenovica
1338
Platak
V. Risnjak
1528
Oštra
1221
Živenj
698
Podkilavac
Mlični vrh
1234
Dražice
Autodrom
Podhum
Štab
Kamenjak
837
Gornje Jelenje
Kikovica
Čavle
38
Buzdohanj
Cernik
Plosna
E65
501
Kukuljanovo
V.Lukovišće
650
Oštrovica
52
Tuhobić
1196
Draga
Škrljevo
Jelovka
Kostrena
Krasica
Ljubelj
704
Doričići
19
Bakar
Praputnjak
Paveki
Šoići
Meja-Gaj
Hreljin
Kraljevica
Bakarski
Križišće
Lipica
Sv. Marko
Šmrika
Crišnjeva
Čandrli
Šilo
Omišaljski zaljev
102
Voz
Jadranovo
Tenka rt
Kokar
Rt Knez
Omišalj
Kloštar
Kačjak
Ičići
Ika
Učka
Dobreć
Antići
Lovran
Lovranska Draga
Medveja
Sv.Anton
21
E751
Mošćenička-Draga
Rijecki zaljev
Šćenice
2
Brseč
Katarina
Vela vrata
Rt. Jablanac
Mali Bok
Papratni rt
Konec
Ivani
Trebojčija
Rt Grota
Zagorje
Porozina
Frantin
Rt Prestenice
455
Mali vrh
Petričevi
Stepići
Beli
Rt Pečen
Dragozetići
100
Orline
604
Sv.Petar
Gorice
648
Rt Šćit
467
Predošćica
Srednja vrata
V. Gražište
562
Sv.Blaž
Jesenovac
543
Vodice
Rt Žakenj
Creski zaljev
Sv. Salvator
Sv.M. Snježna
Cres
Rt Pernat
Rt Križice
Grabar
Rt Jkara
Valun
Sv.Kuzma
5 km
Rt Kosminj
101
Merag
Sv. Vid
Rt Tarej
Lovreški
Bari, Dubrovnik
Zadar
Rt Jasenovac
Porat
Malinska
U.Čavlena
Glavotok
Milohnići
Žgaljići
Pinezići
Sv Fuska
Valbiska
Sv.Mikula
Veli
69
Rudine
Jama Biserujka
Njivice
22
115
Čižići
Rt Glavat
Soline
Klimno
Kijac
Sužan
TN Haludovo
Luka Malinska
Sv. Vid Miholjice
Sv.Ivan
Dobrinj
Hlapa
Gostinjac
Sv.Anton
Gabonjin
Kras
Strilčići
Poljica
104
Brgud
Bajčići
Brusići
Skrbčići
Garica
Krk
Lakmartin
Vrh
Salatići
237
Kornić
Katedrala
Sv. Dunat
Puntarska draga
Malma
Ježevac
Kula
Košljun
Punat
Krčki zaljev
Rt Veli Pin
Rt Mali Pin
194
Rt Negrit
Kono
236
Plavnik
Tenka Punta
1
2
3
4
5
6

D
E
F
Izvor Kupe
Srobotnik ob Kolpi
Banjaloka
Sela
Kostel
Zavrh
Preograd
Stari trg ob Kolpi
Kalić
1010
Razloge
1014
Zagolik
Kuželjska Stenna
874
Fara
Slavski Laz
Goršeti
Dol
Laze
Sodevci
Sr. Krašićevica
Kuželj
Hausiererstr.
Zahrt
Moravička Sela
Razdrto
Blaževci
Sr. Radenci
Razloški Okrug
Vidikovac
Petrina
Golik
Brod
Moravice
Vele Drage
Okrugljak
885
Plemenitaš
Biljevina
Tisovac
Hajdova hiša
Brod na Kupi
Gorica
Skradske
Sleme
Skradsko
Umol
1083
Malo Selo
Starčev vrh
774
V.Drgomalj
1154
Velika Lešnica
Radočaj
Tomići
Drgomalj
Gornje Tihovo
Skrad
St. Lazi
Jakšići
Crni Lug
Divjake
Vučinići
Bela Vodica
V.Tomac
1040
Moravice
Marija Trošt
Kupjački vrh
998
Zeleni vir
Bukov Vrh
Paiež
909
Velika Voda
Dobra
Presikaci
Lovnik
902
Delnice
Hlevci
Zelin Crnoluški
Lazac Lokvarski
Kupjak
Ravna Gora
Hajdine
Zalesina
Stara Sušica
Jablan
Zelin Mrzlovodički
Vrbovsko
Homer
Lokvarka
Delnice
Lučice
Stari Laz
Ravna Gora
Debela Kosa
1174
E65
Lokvarsko Jez.
Lokve
M.Petehovac
1105
Petehovac
1108
Škrbi vrh
1122
Vrbovsko
Kotar
Debeli vrh
1145
Poljička Kosa
V.Kozarac
993
Musulini
Maj
1053
V.Bukovica
1254
Jez. Lepnica
Vrata
Belo Selo
Brestova Draga
Sunger
Mrkopalj
1366
Vrata
Burni Bitoraj
V.Višnjevica
Mirkovica
1286
Benkovac Fužinski
Fužine
Zwonik
1206
1386
Bitoraj
Tuk Mrkopaljski
Begovo Razdolje
Ostrožica
Smolnik
1219
Banovina
Maj.- vrh
1268
Matić Poljana
Janjčarica
1308
Vršak
912
Brizić
1058
Kula
1534
1141
Lič
Potkobiljak
Mali Kobiljak
1082
Višević
1428
Potok-Musulinski
1141
1290
Vrelo
Zmići
Velika Kapela
Zabar
879
Bukova draga
Škuća
Vukova kosa
1278
Kostići
Jasenak
Sušik
Zagradski vrh
1187
Maševo
Crni Kal
Bijele i Samarske stijene
Tribali
Kostelj
Zlobin
V.Smolnik
1279
1205
Velika Javornica
1374
Debeli vrh
1049
Grižane
Lukovo
Banska vrata
(1083)
Netermnjak
887
Mošune
Stalak
Guvno
1227
Jančevina
1201
Radulovići
Krakar
Barci
Breze
Crikvenica
Podskoči
Košutnjak
766
Valač
Buliči
Pl. sklonište Duliba
Poljanak
679
Radojčići
Selce
Jargovo
Bribir
Ugrini
Matija Draga
Ričičko bilo
Perino bilo
1140
Trbovići
Bater
Zapadak
1283
Grane
Vukelić
Rt Tokal
Donji Zagon
Ledenice
Duliba
Bijela greda
1104
Druzenjin
Vinodolski kanal
Novi Vinodolski
Petrina
Omar
848
Sv.Marin
Nord
Žrnovnica
Kalanji
Miletći
Luka Krmpotska
Rušica
M. Vučjak
1023
Vodice
Podbitoraj
Klenovica
Javorje
Sv.Anton
Tisovac
1042
Plasi vrh
950
Škalić
Smokvica Krmpotska
Krmpotske Vodice
Bile
Podomar
Alan
Perišin stan
Vrbnik
Rt Glavina
Vrtlina
Ploče
804
Božanići
Jadranski magistrala
Albeče
243
Tuževič
Hlam
Vrataruša
Podbilo
Crni vrh
1132
Ritavac
937
Vodoteč
Barbičin
379
Sibinj Krmpotski
Podprodanj
Rt. Preskočica
Bunica
Krivi Put
Mrzli Dol
940
463 Kozlja
Sveta Jelena
Ećjatski Dolac
Serdari
Veljun Primorski
Draga Baščanska
Rt. Sidro
Zečevo
Senj
Francikovac
959
Rajačići
Obzovo
568
Senjska Draga
Veljun
888
Vratnik
(694)
786
Prokike
Jurandvor
Nehaj
Luta Lokva
Sv. Lucija
Sv. Ivan
Rt. Sokol
Batomalj
Baška
Rt Rebica
Ujča
Planinkovac
Žuta Lokva
Stara Baška
Baščanska draga
Grabova
Melnice
Melatovac
687
129
1
2
3
4
5
6

A
B
C
122
Poreč
Eufrazijefa basilika
Vranići
Špadići
Cervar-Porat
Nova Vas
Ulika
Sv.Nikola
Zelena laguna
Antonci
Vrvari
Mihelići
Prkovići
Bačva
Košutići
Rapavel
Fabci
Majkusi
Sinožići
Muntrilj
Brečevići
Tinjan
Frankovići
Brajkovići
Šurani
Fakini
Irviz
Katun
Purgar
410
Beram
Bani
Pazin
Ježenj
Sv.Lucija
Munci
Trošti
Bertoši
Baderna
Bonaci
Katun
Jakovići
Valkarin
Žbandaj
Mugeba
Dračevac
Eušnjici
Rakovci
Pajari
Radići
Kringa
Gljuščići
Bazgalji
Sv. Magdalena
Zabrežani
Fuškulin
Sv.Lovrec
Rajki
Mofardini
Sv.Petar u Šumi
Katun Lindarski
Funtana
Sv.Martin
Radetići
Salamun
Sv.Andrija
Flengi
Marasi
Selina
Barat
Žminj
Laginji
Sv. Foška
Vrsar
Kloštar
Medaki
Sv. Lucija
Frnjolić
Sv. Agata
Porto Sole
Sv.Mihovil
Limski zaljev
Limska draga
Koreničí
Dvigrad
Slivari
Rt Grjola
Valalta
Sv.Bartol
Bubani
Kanfanar
Rt. Sv.Križ
Tn Monsena
Sv.Kristol
Brajkovići
Okreti
Tomišići
Benčići
Tn Valdaliso
Borik
Rovinjsko Selo
Smoljanci
Gržini
Foli
Rovinj
Monfiorenco
Jadranska Magistrala
Svetivinčenat
Raponji
Petehi
Ravenna
Obala
Sv.Brita
Golaš
Madona
Krmed
Pajkovići
Orihi
Zlatni rt
Sv. Katarina
Bembo
V.Vrh 246
Bibići
Bokordići
Crveni otok
Pifar
Marko
Sv. Andrija
Etokovci
Ivanušići
Sv.Ivan
Veštar
Sv. Petar
Režanci
Sv.Ivan na Pučini
Sv.Gospa
Bale
Skitača
Dvije Sestrice
Palazzo Soardo-Bembo
Čabrunići
Sv. Marija
Šajini
Rt Gustinja
Sv. Maur
Juršići
Pačići
Sv. Jakov
Gajana
Orbanići
Betiga
Negrin
Barbariga
Kvirin
Sv.Kvirin
Divšići
T.N.Barbariga
Golubovo
Vodnjan
Malmajola
Sv. Vid
Rt Barbariga
Sv. Foška
Kacana
Sv. Martin
Sv. Blaž
Pinezići
Fažanski kanal
Peroj
Vodnjan
Orejok
IV-2010
Gaz
Mali
Galižaha
Muntić
Kanal
Nacionalnipark Brijuni
Brijuni
Veli Brijun
Fažana
Loborika
D. Radeki
Valbandon
Vanga
Vrsar
Bizantski Kastrum
Kotez
Stancija Pilićeti
Valmarin 83
Kostanjica
Rt Peneda
Štinjan
Šandalja
Rt Kampal
Arena
PULA
Jadreški
Venezia
Fižela
GREGOVICA
Šikići
Šišan
VERUDA
VIDIKOVAC
Rt Stofi
Valdebek
Eeve
Kolija
Tn Zlatne Stijene
Vinkuran
Sv. Peter
Rt Verudica
Pomer
Medulin
Veruda
Fratšker
Banjole
H. Mutila
Tasalera
Rt Od Volam
Premantura
JADRANSKO MORE
Bodula
Ceja
Fenera
Porer
Rt Kamenjak
Mali Lošinj
Piran
Grado
Trieste
E751
1
2
3
4
5
6

D
E
F
123
Riječki zaljev
5 km
Vela vrata
Srednja vrata
Kvarner
Creski zaljev
Mošćenička-Draga
Mošćenice
Učka
Kršan
Labin
Rabac
Plomin
Kožljak
Sv. Nedelja
Barban
Raša
Cres
Valun
Lubenice
Porozina
Beli
Martinšćica
Katedrala
Jadranska Magistrala
Rt Mašnjak
Sv. Katarina
Brseč
Potpićan
Pićan
Rt Sv. Andrija
Koromačno
Crna Punta
Rt Ubac
Rt Sekal
Rt Marlera
Rt Jablanac
Rt Grota
Rt Pernat
Rt Križice
Rt Zaglav
Rt Brkjač
Rt Breg
Rt Kijac
Rt Ustrine
Rt Osor
Vransko jezero
Osorski Zaljev
Stivan
Miholašćica
Predošćica
Vodice
Sv. Salvator
E751
64
66
100
500
21
2
1
3
4
5
6

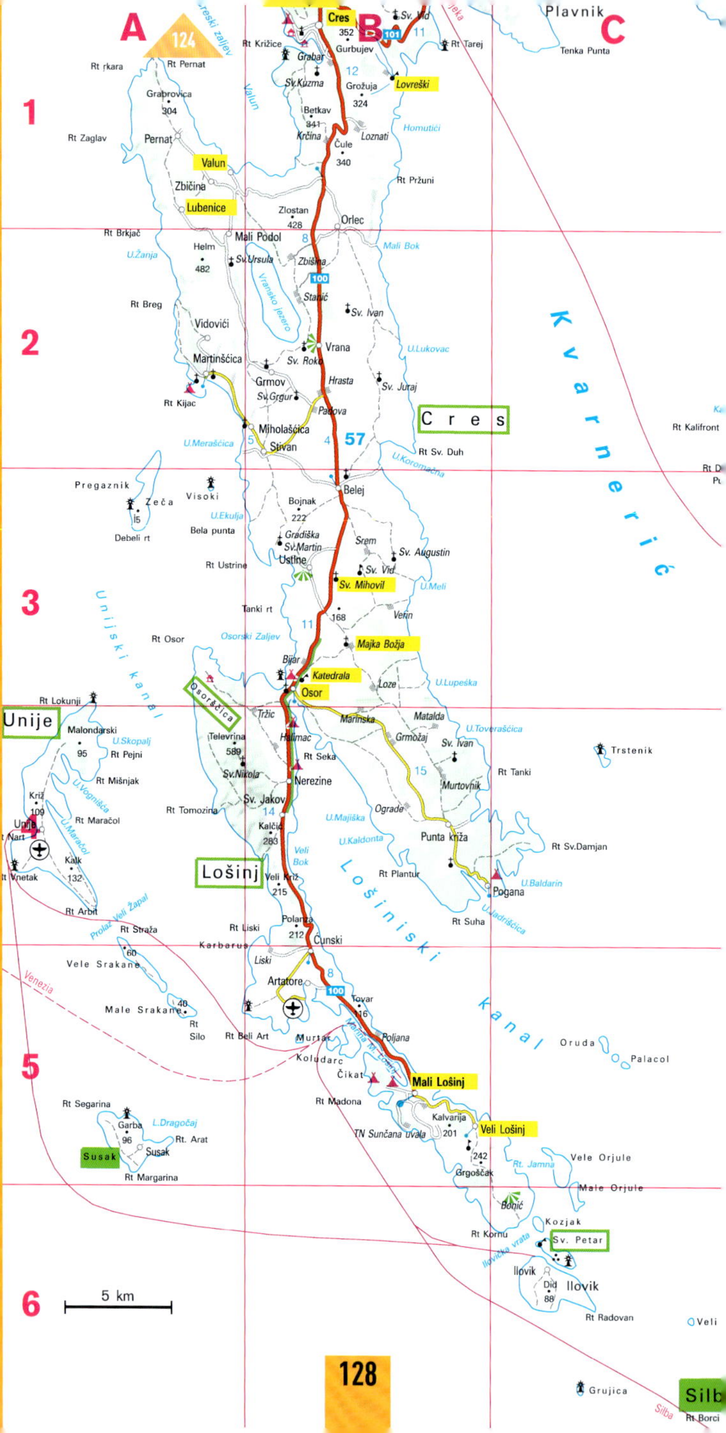

A
B
C
124
1
2
3
5
6
Cres
Lošinj
Unije
Osorščica
Susak
Sv. Petar
Silb
Kvarnerić
Lošinjski kanal
Unijski kanal
Cres
Valun
Lubenice
Lovreški
Sv. Mihovil
Majka Božja
Katedrala
Osor
Mali Lošinj
Veli Lošinj
Plavnik
Tenka Punta
Rt Tarej
Sv. Vid
Rt Križice
Grabar
Gurbujev
Sv. Kuzma
Grožuja
Betkav
Krčina
Loznati
Čule
Homutići
Rt Pržuni
Rt Pernat
Rt Zaglav
Grabrovica
Pernat
Zbičina
Zlostan
Orlec
Rt Brkjač
Mali Podol
Helm
U. Žanja
Sv. Ursula
Zbišina
Vransko jezero
Mali Bok
Stanić
Sv. Ivan
Rt Breg
Vidovići
Vrana
Sv. Roko
U. Lukovac
Martinšćica
Grmov
Hrasta
Sv. Juraj
Rt Kijac
Sv. Grgur
Padova
Miholašćica
U. Merašćica
Stivan
Rt Sv. Duh
Rt Kalifront
U. Koromačna
Pregaznik
Zeča
Visoki
Belej
Bojnak
U. Ekulja
Debeli rt
Bela punta
Gradiška
Sv. Martin
Srem
Sv. Augustin
Ustrine
Rt Ustrine
Sv. Vid
U. Meli
Tanki rt
Verin
Rt Osor
Osorski Zaljev
Bijar
Loze
U. Lupeška
Rt Lokunji
Tržić
Marinska
Matalda
U. Toverašćica
Malondarski
U. Skopalj
Televrina
Halimac
Grmožaj
Sv. Ivan
Trstenik
Rt Pejni
Rt Seka
Rt Tanki
Rt Mišnjak
Sv. Nikola
Nerezine
Murtovnik
U. Vognišća
Križ
Sv. Jakov
Rt Tomozina
Ograde
Unije
Rt Maračol
Kalčić
U. Majiška
Punta križa
Rt Sv. Damjan
Nart
U. Maračol
U. Kaldonta
Kalk
Veli Bok
Rt Vnetak
Veli Križ
Rt Plantur
U. Baldarin
Pogana
Rt Arbit
Prolaz Veli Žapal
Polanza
Rt Suha
U. Jadrišćica
Rt Straža
Rt Liski
Čunski
Karbarus
Vele Srakane
Liski
Artatore
Venezia
Tovar
Male Srakane
Rt Silo
Rt Beli Art
Murtar
Poljana
Oruda
Palacol
Koludarc
Marina M. Lošinj
Čikat
Rt Segarina
Rt Madona
L. Dragočaj
Garba
Kalvarija
Rt. Arat
TN Sunčana uvala
Rt Margarina
Rt. Jamna
Vele Orjule
Grgošćak
Male Orjule
Bonić
Kozjak
Rt Kornu
Ilovička vrata
Ilovik
Did
Rt Radovan
Veli
5 km
Grujica
Silba
Rt Borci
100
101
57

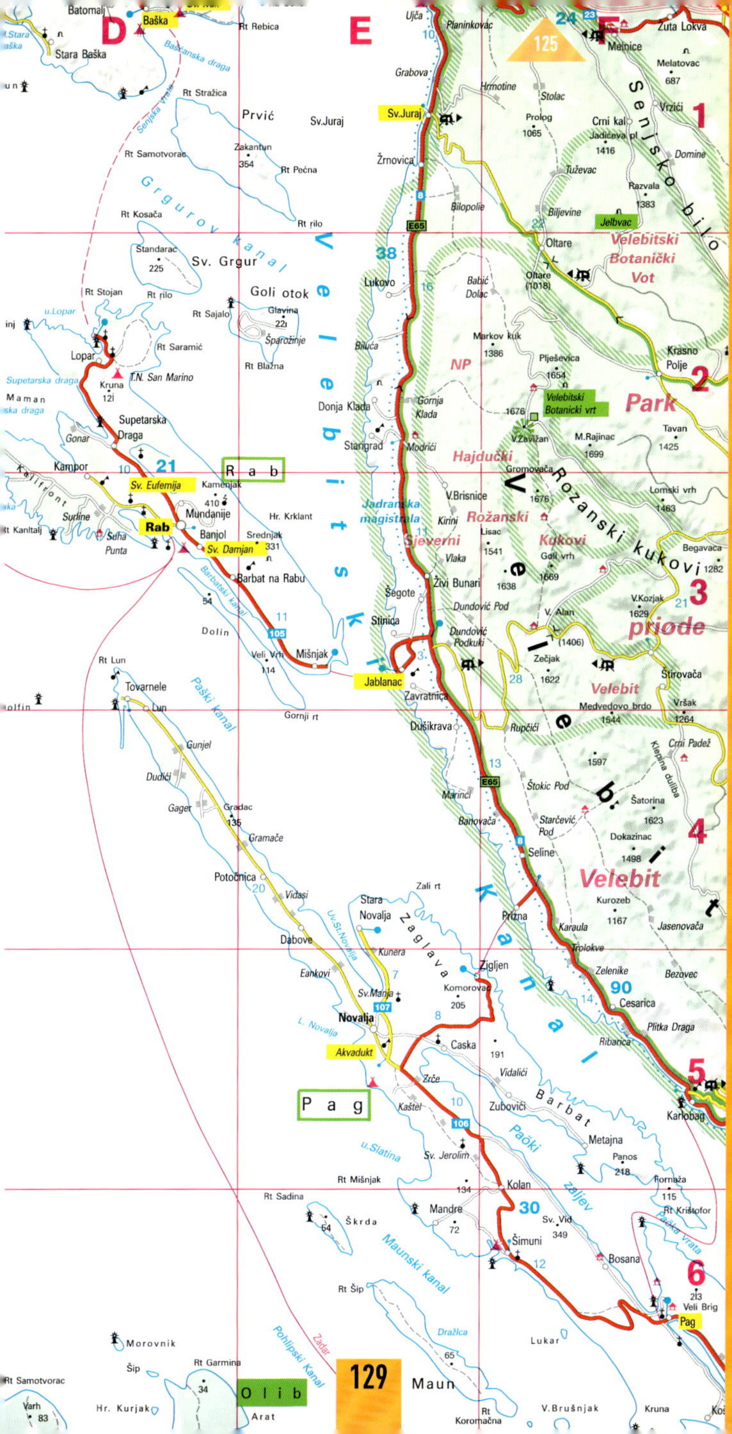

D
E
F
125
129
Baška
Stara Baška
Rt Rebica
Baščanska draga
Senjska Vrata
Rt Stražica
Prvić
Sv.Juraj
Rt Samotvorac
Zakantun
354
Rt Pećna
Grgurov kanal
Rt Kosača
Rt rilo
Standarac
225
Sv. Grgur
Goli otok
Glavina
221
Šparožinje
Rt Stojan
Rt Sajalo
Rt Saramić
Rt Blažna
u.Lopar
Lopar
T.N. San Marino
Kruna
121
Supetarska draga
Supetarska Draga
Gonar
Kampor
Sv. Eufemija
21
Rab
Kamenjak
410
Mundanije
Hr. Krklant
Banjol
Srednjak
331
Sv. Damjan
Barbat na Rabu
Barbatski kanal
Suha Punta
Dolin
Veli Vrh
114
Mišnjak
Jablanac
105
11
Rt Lun
Tovarnele
Lun
Paški kanal
Gornji rt
Gunjel
Dudići
Gager
Gradac
135
Gramače
Potočnica
Vidasi
20
Dabove
Eankovi
Stara Novalja
Uv.St.Novalja
Zali rt
Zaglava
Kunera
Sv.Manja
107
Novalja
L. Novalja
Akvadukt
Pag
Zrče
Kaštel
106
u.Slatina
Sv. Jerolim
Rt Mišnjak
Rt Sadina
Škrda
54
Mandre
72
Maunski kanal
Rt Šip
Dražica
65
Morovnik
Šip
Rt Garmina
34
Olib
Arat
Hr. Kurjak
Rt Samotvorac
Varh
83
Maun
Rt Koromačna
Pohlipski Kanal
Zadar
Velebitski kanal
Ujča
Planinkovac
Grabova
Sv.Juraj
Žrnovica
Hrmotine
Stolac
Prolog
1065
Bilopolje
E65
8
38
Lukovo
16
Babić Dolac
Biluća
Donja Klada
Gornja Klada
Stari grad
Modrići
Jadranska magistrala
Kirini
Sjeverni
Vlaka
Šegote
Živi Bunari
Stinica
Dundović Podkuki
Zavratnica
Duškirava
Rupčići
28
13
Marinci
Banovača
Seline
Prizna
Karaula
Trolokve
Zigljen
Komorovac
205
Caska
191
Vidalići
Zubovići
Barbat
Paški zaljev
Metajna
Panos
218
Kolan
134
30
Šimuni
Sv. Vid
349
12
Bosana
Lukar
V.Brušnjak
Kruna
Žuta Lokva
Melnice
Melatovac
687
Senjsko bilo
Vrzići
1
Crni kal
Jadičeva pl.
1416
Domine
Tuževac
Razvala
1383
Biljevine
Jelbvac
Oltare
Oltare (1018)
Velebitski Botanički Vot
Markov kuk
1386
Plješevica
1654
NP
Krasno Polje
2
Park
Velebitski Botanički vrt
1676
V.Zavižan
M.Rajinac
1699
Tavan
1425
Hajdučki
Gromovača
V.Brisnice
Rožanski
Rožanski kukovi
Lisac
1541
Kukovi
Goli vrh
1669
1638
Lomski vrh
1463
Begavaca
1282
3
V.Kozjak
1629
Dundović Pod
V. Alan
(1406)
Zečjak
1622
priode
Štirovača
Velebit
Medvedovo brdo
1544
Vršak
1264
Crni Padež
Klepina duliba
1597
Štokić Pod
Satorina
1623
Starčević Pod
Dokazinac
1498
4
Velebit
Kurozeb
1167
Jasenovača
Zelenike
Bezovec
90
Cesarica
14
Plitka Draga
Ribarica
5
Karlobag
Fornaža
115
Rt Krištofor
Paška vrata
6
213
Veli Brig
Pag

KARTENLEGENDE

Autobahn mit Anschlussstelle - Mautstelle	Trento 14	Motorway with junction - Toll
Autobahn in Bau - geplant	Datum/Date	Motorway under construction - projected
Tankstelle - Rasthaus - mit Motel		Filling station - Restaurant - with motel
Vierspurige Straße - in Bau		Road with four lanes - under construction
National- oder Staatsstraße - in Bau		Trunk road - under construction
Wichtige Hauptstraße - in Bau		Important main road - under construction
Hauptstraße - Nebenstraße		Main road - Secondary road
Fahrweg - Fußweg		Practicable road - Foothpath
Passstraße mit Wintersperre - Steigung	X-IV 1209 15%	Mountain pass closed in winter - Gradient
Für Wohnwagen nicht empfehlenswert - gesperrt		Not suitable for caravans - closed
Gebührenpflichtige Straße - Für Kfz gesperrt		Toll road - Road closed for motor traffic
Hauptbahn mit Bahnhof - Nebenbahn		Main railway with station - Other railway
Eisenbahn (Güterverkehr) - Autoverladung		Railway (freight haulage) - Railway ferry for cars
Zahnradbahn - Seilbahn - Sessellift		Rack-railway - Cable lift - Chair lift
Autofähre - Schifffahrtslinie		Car ferry - Shipping route
Flughafen - Regionalflughafen - - Flugplatz - Segelflugplatz		Airport - Regional airport - - Airfield - Gliding field
Besonders sehenswerter Ort	TRENTO	Place of particular interest
Besondere Natursehenswürdigkeit	Grotta d. Vento	Natural object of particular interest
Museumseisenbahn		Tourist train
Landschaftlich schöne Strecke		Scenic road
Touristenstraße	Route des Grandes Alpes	Tourist route
Nationalpark, Naturpark - Aussichtspunkt		National park, nature park - Viewpoint
Botanischer Garten, sehenswerter Park - - Zoologischer Garten		Botanical gardens, interesting park - - Zoological garden
Burg, Schloss - Burgruine		Castle, Palace - Castle ruin
Kirche - Kloster - Ruinen		Church - Monastery - Ruins
Turm - Funk- oder Fernsehturm		Tower - Radio- or TV tower
Denkmal -Windmühle- Leuchtturm		Monument - Windmil-Lighthouse
Golfplatz - Jachthafen		Golf-course - Marina
Hotel, Motel, Gasthaus - Höhle		Hotel, Motel, Inn - Cave
Campingplatz - Jugendherberge		Camping - Youth hostel
Strandbad - Schwimmbad - Heilbad		Bathing place - Swimming pool - Spa
Staatsgrenze		State boundary
Grenzkontrollstelle international - - mit Beschränkung		International check-point - - Check-point with restrictions
Sperrgebiet		Restricted area
Ausflüge & Touren		Excursions & tours

FÜR IHRE NÄCHSTE REISE

gibt es folgende MARCO POLO Titel:

DEUTSCHLAND
Allgäu
Amrum/Föhr
Bayerischer Wald
Berlin
Bodensee
Chiemgau/Berchtesgadener Land
Dresden/Sächsische Schweiz
Düsseldorf
Eifel
Erzgebirge/Vogtland
Franken
Frankfurt
Hamburg
Harz
Heidelberg
Köln
Lausitz/Spreewald/Zittauer Gebirge
Leipzig
Lüneburger Heide/Wendland
Mark Brandenburg
Mecklenburgische Seenplatte
Mosel
München
Nordseeküste Schleswig-Holstein
Oberbayern
Ostfriesische Inseln
Ostfriesland/Nordseeküste Niedersachsen/Helgoland
Ostseeküste Mecklenburg-Vorpommern
Ostseeküste Schleswig-Holstein
Pfalz
Potsdam
Rheingau/Wiesbaden
Rügen/Hiddensee/Stralsund
Ruhrgebiet
Schwäbische Alb
Schwarzwald
Stuttgart
Sylt
Thüringen
Usedom
Weimar

ÖSTERREICH | SCHWEIZ
Berner Oberland/Bern
Kärnten
Österreich
Salzburger Land
Schweiz
Tessin
Tirol
Wien
Zürich

FRANKREICH
Bretagne
Burgund
Côte d'Azur/Monaco
Elsass
Frankreich
Französische Atlantikküste
Korsika
Languedoc-Roussillon
Loire-Tal
Nizza/Antibes/Cannes/Monaco
Normandie
Paris
Provence

ITALIEN | MALTA
Apulien
Capri
Dolomiten
Elba/Toskanischer Archipel
Emilia-Romagna
Florenz
Gardasee
Golf von Neapel
Ischia
Italien
Italienische Adria
Italien Nord
Italien Süd
Kalabrien
Ligurien/Cinque Terre
Mailand/Lombardei
Malta/Gozo
Oberital. Seen
Piemont/Turin
Rom
Sardinien
Sizilien/Liparische Inseln
Südtirol
Toskana
Umbrien
Venedig
Venetien/Friaul

SPANIEN | PORTUGAL
Algarve
Andalusien
Barcelona
Baskenland/Bilbao
Costa Blanca
Costa Brava
Costa del Sol/Granada
Fuerteventura
Gran Canaria
Ibiza/Formentera
Jakobsweg/Spanien
La Gomera/El Hierro
Lanzarote
La Palma
Lissabon
Madeira
Madrid
Mallorca
Menorca
Portugal
Sevilla
Spanien
Teneriffa

NORDEUROPA
Bornholm
Dänemark
Finnland
Island
Kopenhagen
Norwegen
Schweden
Stockholm
Südschweden

WESTEUROPA | BENELUX
Amsterdam
Brüssel
Dublin
England
Flandern
Irland
Kanalinseln
London
Luxemburg
Niederlande
Niederländische Küste
Schottland
Südengland

OSTEUROPA
Baltikum
Budapest
Estland
Kaliningrader Gebiet
Lettland
Litauen/Kurische Nehrung
Masurische Seen
Moskau
Plattensee
Polen
Polnische Ostseeküste/Danzig
Prag
Riesengebirge
Russland
Slowakei
St. Petersburg
Tallinn
Tschechien
Ungarn
Warschau

SÜDOSTEUROPA
Bulgarien
Bulgarische Schwarzmeerküste
Kroatische Küste/Dalmatien
Kroatische Küste/Istrien/Kvarner
Montenegro
Rumänien
Slowenien

GRIECHENLAND | TÜRKEI | ZYPERN
Athen
Chalkidiki
Griechenland Festland
Griechische Inseln/Ägäis
Istanbul
Korfu
Kos
Kreta
Peloponnes
Rhodos
Samos
Santorin
Türkei
Türkische Südküste
Türkische Westküste
Zakinthos
Zypern

NORDAMERIKA
Alaska
Chicago und die Großen Seen
Florida
Hawaii
Kalifornien
Kanada
Kanada Ost
Kanada West
Las Vegas
Los Angeles
New York
San Francisco
USA
USA Neuengland/Long Island
USA Ost
USA Südstaaten/New Orleans
USA Südwest
USA West
Washington D.C.

MITTEL- UND SÜDAMERIKA
Argentinien
Brasilien
Chile
Costa Rica
Dominikanische Republik
Jamaika
Karibik/Große Antillen
Karibik/Kleine Antillen
Kuba
Mexiko
Peru/Bolivien
Venezuela
Yucatán

AFRIKA | VORDERER ORIENT
Ägypten
Djerba/Südtunesien
Dubai/Vereinigte Arabische Emirate
Israel
Jerusalem
Jordanien
Kapstadt/Wine Lands/Garden Route
Kapverdische Inseln
Kenia
Marokko
Namibia
Qatar/Bahrain/Kuwait
Rotes Meer/Sinai
Südafrika
Tunesien

ASIEN
Bali/Lombok
Bangkok
China
Hongkong/Macau
Indien
Indien/Der Süden
Japan
Ko Samui/Ko Phangan
Malaysia
Nepal
Peking
Philippinen
Phuket
Rajasthan
Shanghai
Singapur
Sri Lanka
Thailand
Tokio
Vietnam

INDISCHER OZEAN | PAZIFIK
Australien
Malediven
Mauritius
Neuseeland
Seychellen
Südsee

REGISTER

Im Register sind alle in diesem Reiseführer erwähnten Orte und Ausflugsziele verzeichnet. Halbfette Seitenzahlen verweisen auf den Haupteintrag, kursive auf ein Foto.

> SCHREIBEN SIE UNS!

Liebe Leserin, lieber Leser,

wir setzen alles daran, Ihnen möglichst aktuelle Informationen mit auf die Reise zu geben. Dennoch schleichen sich manchmal Fehler ein – trotz gründlicher Recherche unserer Autoren/innen. Sie haben sicherlich Verständnis, dass der Verlag dafür keine Haftung übernehmen kann.

Wir freuen uns aber, wenn Sie uns schreiben.

Senden Sie Ihre Post an die
MARCO POLO Redaktion,
MAIRDUMONT, Postfach 31 51,
73751 Ostfildern,
info@marcopolo.de

IMPRESSUM

Titelbild: Boot im Hafen von Vrsar (IFA Bilderteam: Stadler)
Fotos: Adrenalin Park Poreč: M. Jemec (100 u. r.); Anzenberger: Mattioli (34); Aquarius Records: Walter (14 M.); ART (101 M. l.); ART / Petr Blaha (101 o. l.); I. Brozovic (14 u.); Kristian Cenkovcan (12 o.); © fotolia.com: abal (14 o.), A. Kupisinska (15 o.); R. Freyer (U l., U. M., U. r., 2 l, 2 r., 3 l., 3 r., 4 r., 5, 11, 21, 22/23, 23, 27, 28/29, 29, 35, 37, 42, 45, 47, 51, 52, 54, 56, 64/65, 66/67, 69, 71, 72, 80, 81, 84, 86, 89, 91, 93, 95, 96/97, 104, 106/107, 109, 111); J. Gore (13 o.); R. Hackenberg (4 l., 16/17, 18, 30/31, 32, 48/49, 98, 120/121); Huber: Cogoli (28, 40/41, 60), Huber (82/83), Pignatelli (38); IFA Bilderteam: Stadler (1, 62); ©iStockphoto.com: creepers888 (100 o. l.), peeterv (101 M. r.), ShyMan (100 M. r.); Laif: Calentano (78), Huber (6/7), Kürschner (8/9, 76/77), Zanettini (24/25, 74); Le Mandrać: Robert L. (13 u.); Mauritius: Mattes (102/103); Monvi Center: N. Kavleuša (101 u. r.); Plava Laguna (100 M. l.); S. Sachau (22, 26); D. Schetar (134); SESSION MONOKINI: danko loncar (15 u.); Sol Meliá Hrvatska d.o.o.: Renco Kosinožić (12 u.); T. Stankiewicz (58); Transglobe: Granitsas (3 M.)

9., aktualisierte Auflage 2009

Chefredaktion: Michaela Lienemann, Marion Zorn
Bearbeiterin: Daniela Schetar; Autorin: Susanne Sachau; Redaktion: Marlis von Hessert-Fraatz
Programmbetreuung: Silwen Randebrock; Bildredaktion: Gabriele Forst
Szene/24h: wunder media, München
Kartografie Reiseatlas: © MAIRDUMONT, Ostfildern
Innengestaltung: Zum goldenen Hirschen, Hamburg; Titel/S. 1–3: Factor Product, München
Sprachführer: in Zusammenarbeit mit Ernst Klett Sprachen GmbH, Stuttgart, Redaktion PONS Wörterbücher

Printed in Germany. Gedruckt auf 100% chlorfrei gebleichtem Papier

> UNSERE INSIDERIN

MARCO POLO Korrespondentin Daniela Schetar im Interview

Daniela Schetar lebt in München und reist mehrmals im Jahr aus Liebe zum Land und zu journalistischer Recherche in ihre Heimat Istrien.

Sie sind in Istrien aufgewachsen?

Ja, ich bin im heutigen Slowenien geboren und habe meine Kindheit und Jugend an der damals noch jugoslawischen Küste Istriens verbracht. Heute gehört die Region zu meinen liebsten Reisezielen: Das Meer ist unglaublich klar, die Städte haben sich trotz Tourismus einen ganz besonderen Charme bewahrt, und im Hinterland kann man noch wunderbare Entdeckungen machen. Und natürlich freue ich mich jedes Mal darauf, Freunde und Verwandte zu treffen.

Was reizt Sie an dieser Region?

Hier treffen viele slawische, italienische und österreichische Einflüsse aufeinander, und die dadurch entstandene kulturelle Mischung ist ungeheuer spannend und reizvoll. Die Region vereint Liebliches und Herbes, sowohl landschaftlich wie auch kulturell, und sie hat ein hohes Freizeitpotenzial. Und das Meer kann ja fast karibische Gefühle wecken. Wenn ich beim Schwimmen noch viele Meter unter mir bis auf den Grund sehen kann, fühle ich mich einfach entspannt und vollkommen glücklich.

Und was stört Sie?

Es gibt Gegenden, die schon extrem unter dem Massentourismus im Juli/August leiden, so die Inseln Rab und Krk oder Poreč und sein Umland. In dieser Zeit ist an der Küste kaum noch ein idyllischer Badeplatz zu finden. Wenn man es irgendwie einrichten kann, dann sollte man Istrien und Kvarner zwischen dem 1. Juli und dem 15. August meiden. Danach wird's wieder ruhiger.

Was prädestiniert Sie als MARCO POLO Korrespondentin?

Ich habe schon zahlreiche Reiseführer, Bildbände und Artikel veröffentlicht, für MARCO POLO z. B. den Band Slowenien. Als Reiseautor sollte man stets wach sein für neue Strömungen und Entwicklungen und kritisch gegenüber dem Hochglanzimage, mit dem sich ja jede Region gerne schmückt. Das "Hinter-die-Kulissen-Schauen" habe ich während meines Ethnologie-Studiums gelernt.

Haben Sie spezielle Hobbys?

Um ehrlich zu sein, ist Reisen mein Hobby. Insofern bin ich in der glücklichen Lage, mein Hobby zum Beruf gemacht zu haben. Außerdem lese ich gern und viel. Und zur Entspannung (und für den PC-belasteten Rücken) mache ich Tai-Chi, was überaus hilfreich und zugleich sehr praktisch ist, denn man kann es überall auf der Welt praktizieren.

> BLOSS NICHT!

Folgende Risiken und Fettnäpfchen sollten Sie besser vermeiden

Offenes Feuer im Freien

In Kroatien und Slowenien herrscht im Sommer zum Teil extrem erhöhte Waldbrandgefahr. An der gesamten kroatischen Küste und auf den Inseln ist jegliche Art von offenem Feuer von Juni bis Oktober untersagt. Werfen Sie nie brennende bzw. glimmende Gegenstände oder Glas in die Umwelt. Wenn Sie ein Feuer entdecken, melden Sie es umgehend über *Tel. 93!*

Bei Bora auf die Adria

Im Sommerhalbjahr zwar seltener, aber doch mehrmals pro Saison bricht aus heiterem Himmel die Bora, der kalte, nördliche Fallwind, über den Gebirgskamm am Meer auf die Küste nieder. Das Meer ändert dann plötzlich seine Farbe, der ablandige Wind bläst die Wellen vom Ufer weg. Alle kleinen Boote sollten sofort geschützte Buchten anlaufen. Nur geübten Surfern gelingt es, zum Festland zurückzukehren. Schlauchboote und Luftmatratzen nicht zu retten versuchen, sondern sich selbst retten!

Mit dem Auto in die Stadt

Schon in „normalen", also Nicht-Ferienzeiten ist es in vielen Küstenorten schwer, einen Parkplatz im Stadtzentrum zu finden; in der Hauptsaison ist es fast unmöglich. Am besten verzichten Sie auf das Auto und leihen sich ein Fahrrad oder nutzen die Touristenbahnen, die in vielen Badeorten zwischen Hotels und Zentrum verkehren. Häufig gibt's auch gute Busverbindungen; Fahrpläne bekommt man im Büro des Tourismusverbandes oder an der Hotelrezeption.

Zu schnell auf regennassen Straßen

Bei einsetzendem Regen nur noch Schritttempo fahren: Der in den trockenen Sommerwochen angesammelte Staub verwandelt die Straßendecke beim ersten Regen in ein Schmierseifenparkett, das beim Bremsen dann fast wie Glatteis wirkt.

Steinbohrermuscheln ernten

Es ist streng verboten, diese äußerst wohlschmeckende Muschelart herauszuklopfen und die Küste zu beschädigen. Deshalb sollte man sie auch keinesfalls im Restaurant, wo sie meist unter der Hand angeboten werden, bestellen.

Zu weit aufs Meer hinausschwimmen

Überall dort, wo sich Schwimmer, Surfer, Boote und Wasserskiläufer das Gewässer teilen, sind von jedem äußerste Vorsicht und Rücksichtnahme gefordert, um (zum Teil sehr schwere) Unfälle zu vermeiden. Es ist aus diesem Grund auch vorgeschrieben, mit Motor- und Gleitbooten einen Sicherheitsabstand von mindestens 300 m zur Uferzone einzuhalten. Schwimmer hingegen sollten sich nicht weiter als 100 m von der Uferzone entfernen.

10 € GUTSCHEIN für Ihr persönliches Fotobuch*!

Gilt aus rechtlichen Gründen nur bei Kauf des Reiseführers in Deutschland und der Schweiz

SO GEHT'S: Einfach auf www.marcopolo.de/fotoservice/gutschein gehen, Wunsch-Fotobuch mit den eigenen Bildern gestalten, Bestellung abschicken und dabei Ihren Gutschein mit persönlichem Code einlösen.

Ihr persönlicher Gutschein-Code: mpzp7dpxsc

Zum Beispiel das MARCO POLO FUN A5 Fotobuch für 7,49 €.

* Dies ist ein spezielles Angebot der fotokasten GmbH. Der Gutschein ist einmal pro Haushalt/Person einlösbar. Dieser Gutschein gilt nicht in Verbindung mit weiteren Gutscheinaktionen. Eine Barauszahlung ist nicht möglich. Gültig bis 31.12.2013. Der Gutschein kann auf www.marcopolo.de/fotoservice/gutschein auf alle Fotobuch-Angebote und Versandkosten (Deutschland 4,95 €, Schweiz 9,95 €) der fotokasten GmbH angerechnet werden. powered by fotokasten

www.marcopolo.de/fotoservice/gutschein